Die Familienchronik von Prof. Dr. Erich und Anna Peiper, geb. Schirmer von 1887 – 1939

Ulf Peiper

Hrsg.   Matthias Peiper, Tiergarten 40, 45239 Essen

ISBN: 9783751982412

Herstellung und Verlag: BoD - Books on Demand, Norderstedt

Titelbild: Prof. Dr. Erich Peiper und Anna Peiper, geb. Schirmer
Folgende Seite: Faksimile des Ursprungseinbandes

Laufende

Jahresereignisse.

von

1854 – 1938

Erich u. Anna Peiper geb. Wiener.

Ulf Peiper

Inhalt

Einleitung:

Welche Erinnerungen haben wir von unseren Vorfahren? Früher ist noch viel aufgeschrieben worden, leider aber durch die Kriege und Vertreibungen auch viel verloren gegangen. Umso wichtiger ist, daher das Erhaltene zu bewahren. Wir können so erfahren, was unsere Vorfahren bewegt hat, wie sie gelebt und was sie erlebt haben.

Der viel zu früh verstorbene Bruder meines Vaters, Ulf Peiper, hat, wissend um seinen baldigen Tod noch zu Weihnachten 1979 die „Laufenden Jahresereignisse von 1887 – 1938 des Universitätsprofessors Dr. med. Erich Peiper und seiner Frau Anna, geb. Schirmer", seiner Großeltern, gesichtet und festgehalten. Er wollte der Familie einerseits eine würdige Dokumentation der eigenen Familiengeschichte bewahren, andererseits die besonderen Verhältnisse zu so bedeutenden Familien und Personen wie der Familie v. Loevenich, Hestermann oder Goethe festhalten.

In einer Zeit, in der man noch keine Recherche mittels Internet durchführen konnte, sondern sich in Bibliotheken bemühen musste, ist ein Werk entstanden, welches aus meiner Sicht erhaltenswert ist. Neben dem Festhalten der Familienchronik, welches ein interessantes Licht in eine Familie des akademischen Bürgertums um die Jahrhundertwende im Kaiserreich wirft, aber auch die Entwicklungen des 1. Weltkrieges, der Weimarer Republik und des Anfangs des Dritten Reiches wirft, hat er interessante familiengeschichtliche Beziehungen zu bedeutenden Personen der Öffentlichkeit aufgearbeitet. Es wäre schade, wenn diese verloren gingen.

In nur sehr kleiner Auflage erschien sein Buch, welches ich hiermit der Öffentlichkeit und auch der Forschung zur Verfügung stellen möchte. Die Fußnoten entstammen überwiegend der Feder von Ulf Peiper, der hiermit die verwandtschaftlichen Beziehungen klarstellen wollte. Einige Ergänzungen erfolgten durch mich, um die erwähnten Personen einordnen zu können. Zur besseren Erläuterung habe ich im Anhang mehrere genealogische Aufzeichnungen hinzugefügt.

Essen-Werden, im August 2020
Matthias Peiper

Brautkranzgedicht

für seine Tochter Anna zu ihrer Hochzeit mit Erich Peiper

von Rudolf Schirmer

In meiner Hand das schlichte Myrtenreis,
wie muß es tief Dein ganzes Herz bewegen!
Ist's ein Symbol doch nur von reichem Segen,
Der all Dein Denken füllt mit Lob und Preis.

Es ist die Krone, die in kurzer Zeit
Dich weiht zu einer wahren Königin,
Die von Dir fordert königlichen Sinn,
Ein starkes, treues Herz in Freud und Leid.

Nicht Deine mehr, eines anderen Stolz und Zier
Für einen anderen selbst die Lebenskrone,
Der Dir mit starker treuer Liebe lohne
Das Glück, das er gefunden hat in Dir.

Bring ihm ins Haus denselben Sonnenschein,
Der unser Leben schmückte bis zur Stunde,
Der oft uns meinen ließ im Herzensgrunde
Ein Liebling Gottes seist Du Schwester mein.

So nimm ihn hin den Kranz aus meiner Hand
Und laß ihn Dir den blonden Scheitel zieren
Vorwärts und aufwärts Deinen weg Dich führen;
Die goldene Kindheit hinter uns verschwand.

Behüt Dich Gott! wer so viel reichen Segen
Vom Elternhaus nimmt mit ins neue Heim,
Der wird, so glaube ich fest, auf allen Wegen
Und auch im Myrtenkranz gesegnet sein.

Familienchronik 1887 – 1939

Erich und Anna Peiper, geb. Schirmer

1887

Am 1. Juni fand unsere Verehelichung statt und zwar früh um 10 Uhr die standesamtliche Trauung, um 1 Uhr die kirchliche Feier. Als Zeugen waren bei ersterer zugegen Papa Schirmer und Onkel Voigt. Als Brautführerpaare fungierten bei letzterer Dr. Hoffmann, Else, Otto – Gretchen Peiper, Dr. Wilhelm Müller[1] - Helene Diestel, Dr. Perunius – Clothilde v. Lindequist, Dr. Dalmer[2] - Emma Medem. Die Trauung vollzog als Standesbeamter Bürgermeister Helfritz[3], als Geistlicher K. Woltersdorf[4].

Von Verwandten waren außer der gesamten Familie Schirmer zugegen Mama aus Hirschberg, Cousine Anna Peiper mit Tochter aus Gr. Lichterfelde, Sanitätsrat Schirmer mit Tochter Käthe aus Grünberg, Onkel Voigt aus Frankfurt a.M. Am Abend fuhren wir nach Berlin. Von da am nächsten Tage nach Dresden. Am 3. Juni besuchten wir die Gemälde-Galerie und waren am Nachmittag bei Onkel Scholtz in Plauen. Am 4. Juni fuhren wir nach der Bastei, kehrten aber des schlechten Wetters halber mittags nach Dresden zurück. Am Abend besuchten wir das Residenz-Theater (Mignon). Sonntag den 5. traten wir unsere Heimreise an, da ich wegen des ersten Impftermins (7. Juni), den ich zum ersten Male als Impflehrer abzuhalten hatte, meinen Urlaub nicht weiter ausdehnen konnte.

Als erster Logierbesuch kehrte bei uns Mama aus Hirschberg ein, welche bis zum 1. Juli bei uns blieb. Am 13. August wurde Anna, nachdem sie schon einige Zeit vorher gekränkelt hatte, bettlägerig. Es entwickelte sich ein Unterleibstyphus. Pflege durch Schwester Zabel (Berthy?) aus Salem bei Stettin. Am 1. September fieberfrei hofften wir auf glückliche Rekonvaleszents. Dienstag den 6. September trat jedoch ein Abortus ein. Große Sorge, jedoch vermochte Anna am 14. das Bett zu verlassen. Am 18. siedelte sie zu Mama Schirmer über, unter deren treuer Pflege sie bis zum 1. Oktober blieb, an welchem Tage Papa und Else aus Cösen zurückkehrte

---

[1] Wilhelm Christian Gustav Müller, 1857 – 1940) war ein Zoologe und Leiter der Zoologischen Sammlung der Universität Greifswald.

[2] Dr. Otto Dalmer war seinerzeit Assistenzarzt der Chirurgischen Klinik der Universität Greifswald, später Chefchemiker bei Merck & Co.

[3] Hugo Helfritz (1827 – 1896) wurde 1878 Bürgermeister von Greifswald.

[4] Karl Heinrich Woltersdorf (1834 – 1904) war von 1866 – 1899 Pastor am Dom St Nikolai in Greifswald.

Sonntag den 6. November erkrankte Mama in Hirschberg an einer Lungen-entzündung. Ich fuhr Donnerstag den 10. von hier nach Hirschberg ab, konnte aber schon am 14. ohne Sorge Mama verlassen.

Das Weihnachtsfest und Sylvester verlebten wir vergnügt bei den Eltern. Am Sylvester große Sorge bei der uns befreundeten Familie Kutzner: Tracheotomie bei Gretchen wegen Krupp. (?)

Wir selbst sehen hoffnungsvoll dem neuen Jahr entgegen.

1888

Mitte Januar Genesung der kleinen Kutzner. Im Februar Fertigstellung des Impfbuches: Die Schutzpockenimpfung und ihre Ausführung. Wien. Urban und Schwarzenberg. Kündigung der Wohnung durch Krause[5]. Am 4. August nachmittags 3 1/4 Uhr, an einem Sonnabend, Geburt Irmas. Ankunft von Mama am 18. August. Taufen am 14. September. Die Kleine erhielt die Namen: Irma, Sidonie, Emma, Else. Als Paten fungierten: Urgroßvater Geheimrat v. Planck in München, Großmutter Sidonie Peiper, Großvater Rudolph Schirmer, Großmutter Emma Schirmer geb. Planck, Tante Gertrud Timm geb. Peiper in Hirschberg, Tante Else Schirmer.

Im August erhielt ich von Sr. Exzellenz dem Kultusminister von Goßler ein Privatdozentenstipendium von 600 Thalern, zahlbar im Jahre 1889.

Otto in Göttingen verlobt sich im September mit Liesl Keller aus München.

Am 15. September Feier der silbernen Hochzeit der Eltern. Am 1. Oktober Umzug in die neue Wohnung Fischstraße 26.

Im November Fertigstellung der Arbeit: Perspiratio insensibilitis.
Abreise von Mama Ende November. Irma wurde am 6. Dezember geimpft. Leider schloß sich ein hartnäckiger Bronchialkatarrh alsbald an, welcher uns das Weihnachtsfest trübte. Auch Max Schirmer war an dem Feste krank. Stilles Fest.|

Wir hoffen am Schluß des alten Jahres auf Gesundheit unserer Irma ganz besonders.

Einnahmen	1885	3200 M
wenn alle	1886	5080 M
Schulden bezahlt	1887	6633 M
worden wären		
bare Einnahmen 1888:	7191 M, 4452 M Ausgaben	

Im Jahre 1887 betrugen meine Ersparnisse 2500 M, im Jahre 1888 erreichten meine Ersparnisse die Höhe von 5100 durch Zurücklegen von 2600 M.

---

[5] Krauses waren Mieter im Peiperschen Haus Bahnhofstr. 52.

1889

Irma erholt sich allmählich von ihrem Katarrh, der jedoch im Laufe des Jahres häufig wiederkehrte.

Am 25. Februar Antritt der Reise über Berlin, Hirschberg, Breslau nach Wien. Von da Abstecher nach Budapest. Rückreise über München, wo ich die Groß-eltern Schirmer kennen lernte. Weiterreise nach Würzburg, Frankfurt, Wiesbaden. Hier während des Kongresses I. Schriftführer. Rückreise über Gießen nach Berlin, wo ich mit Anna zusammentraf. Annas Krankheit während meiner Abwesenheit. Vergebliche Hoffnung auf die Professur.

Pfingsten vergnügter Aufenthalt in Rostock mit den Eltern. Ende Juni Krankheit von Mama. Reise nach Hirschberg. Schweres Krankenlager Mamas an Typhus. Langsame Genesung. Annas Reise im August nach Trinwillers-hagen.

Irma beginnt während derselben zu sprechen: Lina.

Anfang Juni Irmas erster Zahn, Mitte Juli konnte sie allein stehen.
Mitte November läuft sie allein. Aufenthalt Hugos bei uns während der Reise der Eltern.

Am 23. Oktober mittags 12 Uhr 5 Minuten Geburt von Albrecht Georg Rudolph Samuel. Taufe am 29. Dezember; Paten: Geheimrat Mosler[6], Professor Grawitz, Leutnant Dr. Kutzner als Anwesende. Sodann Otto und Liesl, Schwager Timm, Frau Struck (Professor) Kurz vor Weihnachten Erkrankung an der Influenza.

bare Einnahmen pro 1889 8.721,-- M   Ausgaben: 4.999 M 40 Pfg.

Ersparnisse bis auf 8.800 M

---

[6] Friedrich Mosler (1831 – 1911), Corps Teutonia Gießen, seit 1864 o. Professor für Innere Medizin zu Greifswald, 1876 Rektor, em. 1899.

1890

Umzug am 1. April 1890 in das Haus der Eltern. Reise nach Wien am 14. April; Anna während dieser Zeit in Hirschberg. In Wien auf dem medizinischen Kongress Schriftführer. Rückreise über Hirschberg.

Papas Krankheit. Die Eingabe der Fakultät betreffs meiner Ernennung zum Professor ohne Erfolg. Reise nach Berlin zu Althoff.

Ende Juli Hugos Erkrankung an Diabetes, einige Wochen vorher Mamas Besuch aus Hirschberg. Reise zum internationalen Kongreß nach Berlin. Zusammentreffen mit Otto. Annas Reise nach Trinvillershagen. Ernennung zum Mitglied der Prüfungskommission. Mamas Abreise Ende Oktober.

Geburt von Herbert am 1. November abends 7 Uhr. Annas Krank-heit. Herberts Nottaufe am 20. Dezember. Paten: Großmutter Peiper, Großtante Ida Scholtz, Onkel Benno Ruppert aus Herischdorf und Lilly.

Hugos[7] Erlösung am 22. Dezember früh 7 1/2 Uhr, ohne langes Leiden. Herberts langsame Kräftezunahme.

Irma und Albrecht haben körperlich und geistig sich bisher gut entwickelt.

Einnahmen	8.246 M
Ausgaben	5.455 M
Ersparnisse	10.900 M

---

[7] Hugo Schirmer, Schwager von Erich Peiper.

1891

Langsame Besserung Annas,Herbert beginnt sich zu unserer Freude zu entwickeln. Reise nach Wiesbaden zum Kongreß. Verschlechterung in dem Befinden Annas. Reise nach Bad Flinsberg am 17. Juni in Begleitung von Else, woselbst sie mit Mama aus Hirschberg zusammentraf und 6 Wochen blieb. Besuch Onkel Hugos[8] bei den Schwiegereltern. Reise nach Hirschberg vom 4. bis 14. August. Anna wohl und munter, Besuch der Großeltern Mitte September, mit denen wir schöne Tage verlebten. Alice Timms Besuch von Ende September bis Ende Oktober.

Nach vielem Warten Ernennung zum außerordentlichen Professor am 27. Dezember. Dezember Kinder Influenza, die sich zu unserer Freude gut entwickeln.

Einnahmen 8.387,10 M   Ausgaben 5.286 M
Ersparnisse 14.900 M

---

[8] Bei Onkel Hugo handelt es sich um Hugo Planck, Exzellenz, wirklicher Geheimrat, Dr.jur.e.h. Senatspräsident am Reichsgericht, Bruder von Emma Schirmer geb. Planck.

1892

Im Februar Reise nach Nervi, innerhalb 8 Tagen zurück. Besuch Ottos Reise nach Magdeburg, komme zur engeren Wahl als Direktor des Krankenhauses, bleibe aber nach Kenntnis der Verhältnisse lieber in Greifswald. Eintritt in das Bürgerkollegium[9]. Im April Reise nach Leipzig zum Kongress. Pfingsten Reise mit Anna auf 3 Tage nach Berlin. Zusammensein mit Meyens. Mamas Ankunft im Juli.

Erscheinen der II. Auflage der Schutzpockenimpfung. Angestrengte Arbeit an den "Parasiten". Reise mit Anna nach Tirol; zuvor Abstecher nach Grünberg zu Onkel Wilhelms letztem Krankenlager. Reise über München, Berchtesgaden, Salzburg, Zell a.S., Lend, Achensee, Innsbruck, Bozen, Meran, Trafoi, Stilser Joch zurück nach Bozen, Dolomiten, Schlenderbach, Misurina, Cortina, zurück nach Innsbruck; Herren-Chiemsee, München. Besuch bei den Großeltern in Tutzing am Starnberger See. Zusammensein mit A Plancks[10] in München. Rückfahrt über Nürnberg, Berlin.

Übernahme der Cholera-Kontrolle auf dem hiesigen Bahnhof. Ernennung wiederum zum Mitglied der Examens-Kommission. Petermanns Hiersein während der Manöver. Mamas Abfahrt Mitte November. Irma besucht seit Mitte November die Spielschule. Irma ist artig und klug. Albrecht beginnt sich körperlich und geistig gut zu zeigen. Herbert ist ein niedlicher, aber eigensinniger kleiner Bursche.

Einnahmen	11.541 M
Ausgaben	6.700 M
Vermögen	18.875 M

---

[9]zu vergleichen mit dem heutigen Stadtrat.
[10]Es handelt es sich um Adalbert Planck, Bruder von Emma Schirmer.

Die Familien Peiper-Schirmer im Garten Bahnhofstraße 52, um 1892

(v.l.v.r.) Erich Peiper, Anna Peiper geb. Schirmer, Herbert Peiper, Albrecht Peiper, Max
Schirmer, Irma Peiper mit Kinderwagen, neben ihr sitzend Else Tereszkiewicz geb.
Schirmer, stehend dahinter Hildegard Schirmer verehel. Schröder, Liesel Schirmer geb.
Keller mit Otti Schirmer und Otto Schirmer.

1893

Im Februar Aufgabe der Vorlesung physiologischer Diagnostik nach Unterhandlung mit Mosler. Elses Verlobung im März mit Arthur Tereszkiewiçz, Marinestabsarzt a.D.

Besuch von Alexander Peiper aus Liegnitz im Juli.

Ende Juli kommt auch Mama aus Hirschberg. Ottos[11] Berufung als Direktor der Augenklinik und außerordentlicher Professor, nachdem Papa sein Amt nieder-gelegt hat.

Im Oktober Übersiedlung von Otto und Liesl nach Greifswald.

Vom 11.. - 15. Oktober Reise nach Berlin und vergnügter Aufenthalt daselbst. Am 17. Oktober Elses Hochzeit. Abschluß der „Parasiten"[12].

Irma, Albrecht und Herbert erhalten ein Kinderfräulein. Die Kinder entwickeln sich körperlich und geistig in erfreulicher Weise.

Einnahmen	9.704 M
Ausgaben	5.833 M
Vermögen:	27.775 M

---

[11]es handelt sich um Otto Schirmer, Bruder von Anna und Schwager von Erich.
[12]Friedrich Mosler & Erich Peiper. Thierische Parasiten. Verlag Alfred Hölder, Wien 1894.

1894

Mamas Krankheit, die nach ihrer Rückkehr aus München im Novem-ber schleichend anfing, führte uns am Neujahrestag in Sorge. Anfang März schien ein Stillstand der Krankheit einzutreten. Wir traten daher ohne Sorge am 17. März unsere Reise nach Italien zum internationalen medizinischen Kongreß an. Nach kurzem Aufenthalt in München fuhren wir nach Florenz, 2-tägiger Aufenthalt. In der Osterwoche trafen wir in Rom ein, wo wir in hohen Genüssen der ewigen Stadt schwelgten. Nach 14 Tagen Abreise nach Neapel. Be-such von Pompeji, Vesuv, Paestum, Capri, Sorento, Salerno und Amalfi. Rückreise nach München über Venedig. Nach unserer Rück-kehr fanden wir Mama[13] an einem Gallenblasenleiden erkrankt. Operation am 1. Mai. Die Hoffnung, die wir an die glücklich ausgeführte Operation knüpften, bestätigte sich nicht. Am 5: Mai, früh 1 1/2 Uhr beendete der Tod die Leiden. Begräbnis am 8. Mai, dem Geburtstag von Mama.

.

Im Juni kündigte ich die Stellung bei Mosler, aus der ich am 1. Oktober ausschied. Während unserer Reise hat Mama-Peiper aus Hirschberg die Aufsicht über die Kinder geführt. Dieselbe wurde Ende Juli nach Hirschberg zurückgerufen, da Tante Ida Scholtz[14] von einem Schlaganfall getroffen worden war. Erlösung derselben nach wenigen Tagen.

Ende Juli Besuch Meyens und Dr. Steinbrück während der XX-jährigen Stiftungsfeier des akademischen Turnervereins[15].

Am 26. August Abreise Annas nach Görlitz zur Pflege von Else[16], die am 25. August ein Mädchen geboren hatte. 3-wöchentliche Abwesenheit von Anna, die auch in Hirschberg sich 3 Tage aufgehalten hatte.

Ende September beginnt Irmas Privatunterricht.
Am 18. Dezember, nachmittags 2 Uhr, Geburt eines Knaben, der noch am Ende des Jahres ohne Namen ist.

---

[13]es handelt sich um Emma Schirmer geb. Planck, geb. am 8. Mai 1844 in Basel.
[14]Schwester von Sidonie Peiper.
[15]ATV zu Greifswald, gegründet 15.06.1874, war bis 1951 in der Deutschen Burschenschaft, am 24.05.1953 Zusammenschluss mit der Studentischen Vereinigung Amicitia zur ATV Amicitia zu Greifswald in Marburg.
[16]bei Else handelt es sich um Elisabeth Tereskiewicz geb. Schirmer, die Schwester von Anna Peiper. Bei dem am 25. August geborenen Mädchen handelt es sich um Helene, später verheiratete Riemer.

Annas langsame Erholung.

Einnahmen   14.000 M
Ausgaben .   8.500 M

1895

Am 8. Februar Taufe von unserem Jüngsten, der die Namen <u>Ulrich</u> Hugo Otto Samuel erhielt. Taufpaten waren: Onkel Hugo Planck, Reichsgerichtsrat in Leipzig, Schwager Arthur Dr. Tereskiewicz in Görlitz, Frau Professor Heidenhain[17] in Greifswald, Frau Professor Simon-Greifswald und Professor Beumer[18] Greifswald.

Am 31. März Reise nach München zum Kongreß für innere Medizin.

Im Juli Besuch von Erich Ruppert[19] aus Hannover. Bald darauf Ankunft von Mama.

Am 6.August Abreise nach der Schweiz. Die Reise ging über Heidelberg, Bern, Gemmi, Interlaken, Mürren, Grindelwald, Rosenlaui, Meiringen, Handegg, Rhonegletscher, Hospental, Andermatt, Göschenen, Brunnen, Vierwaldstätter See, Luzern, Straßburg, Berlin. Wir waren vom besten Wetter begünstigt und 3 Wochen unterwegs.

Irma macht Fortschritte in der Privatstunde. Albrecht und Herbert entwickeln sich gut. Ulrich vollendet am 18. Dezember sein erstes Jahr.

Am 21. Dezember Ernennung zum Ehrenmitglied des akad. Turnervereins.

Einnahmen	10.382 M
Ausgaben	8.662 M
Vermögensnennwert	39.600,-- M
Zuwachs	1.381,85 M

Anna-Vermögen 5.000 M (geerbt Mama Schirmer)

---

[17]Lothar Heidenhain (1860-1940) war Sohn von Prof. Dr. Rudolf Heidenhain, Professor für Physiologie in Breslau. L. war ab 1890 Sekundararzt und Professor ex oficio für Chirurgie in Greifswald, 1897 wechselte er nach Worms.

[18]Friedrich Wilhelm Otto Beumer (1849-1918), Corps Guestfalia Greifswald, s. 1888 ao-Professor für gerichtliche Medizin und Direktor des Instituts.

[19]Sohn von Benno Ruppert und Martha geb. Peiper-Schwester von Erich Peiper.

Anna Peiper mit ihren Kindern, 1895

v.l.n.r.: Albrecht, Irma, Ulrich, Herbert

1896

Das neue Jahr nahm für uns einen schweren Anfang. Am 18. Januar erkältete sich Papa[20] in der Aula bei der Feier der 25-jährigen Wiederkehr der Errichtung des Deutschen Reiches. Nach mehrtägigem Unwohlsein legte er sich am 22. zu Bett unter den Erscheinungen der Influenza mit hinzutretender Lungenentzündung. Nach schwerem Kampfe verschied er am 27. Jan. morgens 9 Uhr. Beerdigung, zu der Schönleben, Max Planck und Arthur [Tereskiewicz] erschienen waren, am 30. Januar. Bald sollte Käthe Simon ihm am 18. Februar in den Tod folgen.

An das Ableben von Papa schlossen sich viele ernste Erörterungen und viel Arbeit. Wir zogen Ende März in die obere Wohnung; Übernahme des Hauses am 1. April. Zugleich traten in unsere Familie Hildegard[21] und Max. Wir hätten gern gewünscht, Hildegard das Elternhaus etwas ersetzen zu können.

Ostern bezog Johannes Ruppert die hiesige Universität und verkehrt in unserem Hause. Am 14. Juli kam Schwager Benno[22] zum Besuch mit seiner Frau[23]. Mama aus Hirschberg war schon zuvor hier eingetroffen. Im Juni war Irma am Keuchhusten und Lungenentzündung schwer erkrankt. Bald erfolgte die Erkrankung von Albrecht, Herbert und schließlich Ulrich, dessen Keuchhusten sich bis in den Oktober hinzog. Zur Erholung war Anna mit Irma nach Schreiberhau-Hirschberg gegangen. Nach ihrer Rückkehr reisten Anna und ich am 17. August nach Lindau., Ragaz, Davos, Pontresina, Comer See, Mailand, Lugano, Pallanza, Simplon, Montreux, Basel und zurück. Aufenthalt in Berlin mit Hildegard[24]. Am 18. Oktober verlobte sich Hildegard mit Max Schröder, Premierleutnant im 141. Regiment, Straßburg i. Westpr. Vorher hatte uns Gertrud[25] mit ihrem Mann besucht. Es kam im November und Dezember eine unruhevolle Zeit für uns. wir schließen das Jahr mit der Hoffnung auf ein ruhigeres und friedvolleres neues Jahr.

---

[20]Rudolph Schirmer.

[21]Hildegard Schirmer geb. 29.8.1874 und Max Schirmer, geb. 26.11.1884 waren die jüngsten Geschwister von Anna Peiper geb. Schirmer.

[22]Benno Ruppert, Ehemann der bereits 1876 an Scharlach verstorbenen Schwester Martha von Großvater Peiper.

[23]im Geschlechterbuch ist eine zweite Heirat von Benno Ruppert, worauf diese Eintragung hinweist, nicht vermerkt.

[24]Hildegard Schirmer, Schwester von Anna Peiper.

[25]Gertrud Timm, Schwester von Erich Peiper.

Irma besuchte von Ostern an die Schule von Frl Wille und macht zufrieden-
stellende Fortschritte.

Albrecht erhält seit Ostern Unterricht bei Herrn Vanik.

Herbert und Ulrich entwickeln sich körperlich in guter Weise.

Ende 1896 löste ich die mir von Mama für die Kinder meiner Schwester
Gertrud zur Aufbewahrung übergegebenen Papiere ein und gab das Geld auf
die Greifswalder Stadt Sparkasse.

Einnahmen: 13.945 M
Ausgaben: 9.843M
Erich V.N. 43.550
Anna V.N. 48.985

Das Haus Bahnhofstraße 52 ist von Papa 1874 erbaut.

1897

Am 8. Januar vollendete Mama ihr 70. Jahr.

Bis zur Hochzeit Hildegards vergehen noch recht unruhige Wochen.

Am 18. Februar fand dieselbe in unserem Hause statt und wurde völlig von uns ausgerichtet. Logierbesuch von Else, Max Schröder, Leutnant Böning und Cretius. Verlauf der Hochzeit sehr befriedigend. Herrn Pastor Woltersdorf[26] übersandten wir als Geschenk für die Traurede Papas Bild.

So mancherlei Unruhe folgte in den nächsten Monaten. Tante Gertrud Voigt-Meyer hatte an Anna ein Legat im jährlichen Betrage von 450 M lebenslänglich vermacht. Die sonstigen Erben bestritten, nachdem sie das Testament angetreten, die Rechtsgültigkeit der Rente und forderten Anna zum Verzicht auf. Schließlich stellten sie ein Ultimatum. Weiterhin verklagten sie Anna auf Anerkennung der Rechtsungültigkeit der Rente. I. Termin am 15. November, der aber vertagt wurde.

Ostern wird Irma in die I. Abteilung der IV. Klasse versetzt. Albrecht kommt in die Octava, Herbert in die Nona. Mäxchen[27] verläßt uns und geht nach Putbus in die Pension.

Im März wird der Umbau des Treppenvorflures begonnen. Er kostet ca. 3000 M. Wir unternahmen ihn wegen des Zuges, ungünstiger Stufen- und Dielenverhältnisse.

Pfingsten reise ich nach Berlin zum Kongreß für Innere Medizin.

Im Sommer beginnt der Bau des Greifswalder Privatkrankenhauses, an dem ich mit 5.000 M beteiligt bin.

Im Mai erkrankt Irma an Lungenentzündung. Ende des Monats Juni reist Anna mit Albrecht und Irma nach Hirschberg. während ihrer Abwesenheit am 9. Juli stirbt Professor Struck[28].

---

[26]Karl Heinrich Theodor Woltersdorf war von 1866 bis 1899 Pastor am Dom St. Nikolai in Greifswald.
[27]Max Schirmer, Bruder von Anna Peiper.
[28]Emil Struck,(1857-1897), s. 1.10.1884 Professor für Nationalökonomie in Greifswald.

25

Vom Mai an folgen bei mir häufige Eingriffe wegen Nasenpolypen.

Im August Mamas Besuch. Wir reisen ca. am 10. August auf 14 Tage Norderney, Hamburg. Abstecher nach Friedrichsruhe. Anfang November Abreise von Mama.

Ulrich bekommt die ersten Kätzchen. Bau eines Hühnerstalles.

Eintritt in die Genossenschaft mit beschr. Haftpfl. zur Erbauung einer privaten höheren Töchterschule mit 1000 M Kapital.

Heidenhains haben im Mai Greifswald verlassen.

Einnahmen:	14.205 M
Ausgaben	11.907 M
V.N.	46.150 M
V.N.	50.185 M

1898

Annas Prozeß geht in diesem Jahre nach mancherlei Terminen schließlich zu einem günstigen Ausgange. Es wird ein Vergleich geschlossen, nachdem die I. Instanz von Anna gewonnen ist; Anna erhält 6.000 M ausgezahlt.

Auch mancherlei andere Beunruhigungen beginnen mit dem Jahre 98. Mein Nasenleiden verschlimmert sich. Schließlich konsultiere ich in Berlin Sanitätsrat Hartmann. Zweimaliger 8-tägiger Aufenthalt in Berlin, häufige Reisen nach Berlin, schließlich am 6.September Eröffnung der Stirnhöhle. Die Operation verlief günstig. Leidlich gut gestaltet sich späterhin mein Befinden.

Im März Besuch von Frl. Margarethe Giese, der Braut von Dr. Korth. Versetzung der Kinder zu Ostern.

Eröffnung des Greifswalder Privatkrankenhauses im Mai.

Besuch von Else im Juni, welche mit beiden Kindern 4 Wochen bei uns blieb. Angenehme, nette Tage.

Anfang Juli reisten Albrecht und Irma mit Frau Prof. Struck nach Hirschberg zu Mama. Die Kinder erholten sich gut in dieser Zeit. Ende Juli kommt Mama zum Besuch und bleibt bis Mitte November. Wir selbst reisen Mitte August nach Tirol, und zwar nach Kitzbühel, Großglocknerhaus, Heiligenblut, Innichen, Innsbruck, St. Irvok, Tunerjoch, Maierhofen, Zillertal, München - Berlin.

Die Kinder entwickeln sich zu unserer Zufriedenheit. Im Dezember bekommen Herbert und Ulrich die Masern.

Einnahmen:	13.610 M
Ausgaben:	8.452 M
V.E.	50.905 M
A.V.	57.335 M

1899

In der ersten Zeit des neuen Jahres keine wesentlichen Ereignisse. Ostern wird Albrecht nach Sexta, Herbert nach Septima, Irma nach IIIa versetzt. Am 3. Osterfeiertage Reise nach Berlin. Anna fährt von hier nach Görlitz zu Else (Elisabeth Tereskiewicz geb. Schirmer, Schwester von Anna Peiper), ich fahre zum Kongress nach Karlsbad, von da nach Görlitz und Hirschberg, wo wir je 2 Tage uns aufhalten. Bei unserer Rückkehr ist Irma an Lungenentzündung erkrankt. Frau Struck hatte sie treu gepflegt. Durch Frau Strucks hochgradige Nervosität tritt leider im Laufe des Jahres eine gewisse Entfremdung ein. In der ersten Hälfte des Juli geht Anna mit den Kindern nach Binz, woselbst sie 14 Tage bei Frl. Fröhlich angenehmen Aufenthalt fand. Ende Juli kommt Mama, die bis Mitte November hier bleibt.

Ende Juli Stiftungsfest des A.T.V. (Akademischer Turner Verein); Logierbesuch von Biels, Troihes und Frl. Kramm.

Wir reisen in diesem Jahr nicht, machen aber per Rad einige schöne Ausflüge.

Bis Ende Juli arbeitete ich bei Grawitz[29], August Abgang Moslers[30], der manche Beunruhigung hervorruft.

Einnahmen:	12.439 M
Ausgaben:	7.522 M
V. Anna	59.135 M
Erich .	55.305 M

---

[29]Paul Albert Grawitz, geb. 1.10.1850, gest. 27.06.1932, war Professor für Pathologie an der Universität Greifswald.
[30]Friedrich Mosler, geb. 08.03.1831, gest. 3.01.1911, Professor für Innere Medizin an der Universität Greifswald.

1900

Die Jahrhundertwende verleben wir mit Gerikes und Körbers in unserem Hause. Ernennung des Internen (Krehl[31]) an Moslers Stelle. Ich gehe leer aus.

Ostern wird Irma nach IIa, Albrecht nach Quinta, Herbert nach Sexta versetzt. Die Kinder machen uns Freude durch ihren Fleiß. Im Sommer Herausgabe der Fliegenlarven, im Herbst der "Schutzpockenimpfung 3. Auflage". Im Juli verlebten die drei ältesten Kinder 14 Tage hindurch ihre Ferien in Binz. Sie kamen vergnügt zurück. Anfang August kommt Mama zum Besuch; sie bleibt bis Anfang November bei uns. Am 17. August Reise über Eisenach, Worms, wo wir Heidenhains besuchen, nach Genf, Chamonix, Tête noir nach Zermatt, Gemmi (Begegnung mit Dreyfuß) Interlaken, Zürich nach München. Hier treffen wir die Großeltern, mit denen wir einige Tage glücklich verleben und dabei die lang ersehnte Aussprache finden[32]. Leider erkrankte Großvater. Wir bleiben noch länger, aber bald nach unserer Abreise erfolgt sein Ableben im 84. Lebensjahr (Herzkollaps).

Im Oktober wird Max Schröder[33] als Hauptmann nach Greifswald versetzt. Bisher hat sich das Zusammenleben leidlich gestaltet.

Erhebliche Verminderung der Zahl der Studierenden. Ich lese im W.S. nur noch über Hautkrankheiten. Ausscheiden aus der Prüfungskommission.

Das im vorigen Jahr übernommene Ehrenamt, Vorsitzender des hiesigen Flotten-Vereins, führe ich mit Erfolg. Ebenso bin ich Vorsitzender des Balt. Centralvereins für Tierzucht und Schutz. Desweiteren wurde ich wiederum in das Bürger-Kollegium gewählt.
Annas Reise im Oktober nach Görlitz auf 8 Tage.

Einnahmen   16.000 M
Ausgaben   9.300 M
Vermögen Erich 61.955 M
Vermögen Anna 60.085 M

---

[31]Ludolf Krehl (1861-1937), Burschenschaft Frankonia Heidelberg, Internist, Kardiologe und Pathologe, war von 1900 – 1902 Professor in Greifswald.

[32]Es handelt sich um die Großeltern Wilhelm und Emma von Planck. Als Rufname des Großvaters Planck wird vielfach fälschlich Julius angegeben. Nach meinen Unterlagen war der Rufname Wilhelm.

[33]Schwager von Erich Peiper, verheiratet mit der Schwester von Anna Peiper, Hildegard geb. Schirmer.

1901

Die Jahreswende verleben wir mit Kuerte und Gerickes bei letzteren. Zu Ostern Versetzung aller Kinder, Albrecht nach Ouarta, Herbert nach Quinta, Irma nach IIa. Herbert läßt in der Schule nach; er bekommt Privatunterricht in Latein. Ulrich tritt in die Nona ein.

Im April Aufforderung, mich in Dortmund zu melden zur Oberarztstelle am Louisenhospital. Meldung und schließlich Nichtwahl. Ostern Kongreß in Berlin, den ich auf 2 Tage besuche.

Zum 1. April kündigt Dantwiz die Wohnung; mancherlei Aufregung wegen der Wohnung, die D. schließlich wieder mietet bis zum 31. März n.J. Versetzung von Dantwiz Ende Dezember.

Das Amt des Vorsitzers im Balt. Central-Verein lege ich nieder.

Im Mai viel Arbeit und Unruhe wegen der Wahl, zumal ich den Vorsitz des Wahlkomitees übernommen hatte.

Im Juli Besuch Mamas, die bis Anfang November bleibt.

Am 15. August Reise nach München, Kochel, Walchensee, Mittenwald, Garmisch, Fernpass, Oetztal, Bozen, München, wo wir Großmutter besuchen. Beumer hatte sich uns angeschlossen.

Im Herbst mietet Prof. Pietschmann[34] die Unterwohnung für den 1. April 02. Geheimrat Pernice[35] stirbt nach langem Leiden Ende Dezember.

---

[34]Richard Pietschmann (1851-1923), s. 1899 Direktor der Universitätsbibliothek Greifswald, ab 1903 Direktor der Universitätsbibliothek Göttingen und Professor für Ägyptologie, altorientalische Geschichte und Bibliotheks-Hilfswissenschaften.
[35]Prof. Dr. Hugo Karl Anton Pernice, geb. 9.11.1829, gest. 31.12.1901, war Hochschullehrer für Geburtshilfe und Gynäkologie in Greifswald.

1902

Die Jahreswende verleben wir mit Gerikes bei Koertes. Arthur Tereskiewicz zieht mit seiner Familie nach Wilmersdorf bei Dresden. Im Januar erfahren wir, daß Pietschmanns nach Berlin ziehen. Es mieten zum 1. Oktober Lic. Kögels[36].

Zu Ostern werden alle 4 Kinder versetzt. Irma nach Ib, Albrecht nach Untertertia, Herbert nach Ouarta, Ulrich nach Octava. Die Versetzung ist ohne Schwierigkeiten gegangen.

Albrecht macht seine Pfingstreise nach Vossberg zu Schönermarks. Bald darauf Elses Besuch mit Lenchen ca. 14 Tage. Bianka kommt auf 4 Wochen zu Besuch[37]. In den großen Ferien reist Irma mit Frau Simon auf 14 Tage nach Binz. Albrecht und Herbert nach Hirschberg. Ende der Ferien kommt Anna Peiper mit Frieda auf einige Tage[38]. Inzwischen ist Mama zum Besuch bis Anfang November eingetroffen.

Am 11. August reisen wir mit Frau Simon und Frl. Helta nach Regensburg, Mayerhofen, Berliner Hütte, Pfitscherjoch, Sterzing, Waidbruck, St. Ulrich, Maria in Wolkenstein, Grödnerjoch, Sellajoch, Vigo, Karer See, Weißbahn-bad, Bozen, Mendel, Steinach. In München 3-tägiger Aufenthalt bei Großmutter Planck. Albrechts Ferienreise nach Stoltenhagen zu Pastor Krauthoff. Georgi Planck kommt nach Greifswald[39]. Aufregungen wegen der Kinderklinik. Landois[40] Tod.

Herberts Krankheit an einer leichten Blinddarmaffektion.

Neues Colleg über ärztliche Berufs- und Standesfragen.

Die Kinder entwickeln sich zu unserer Freude.

---

[36]Julius Kögels (1871-1928), 1899-1906 Privatdozent für Theologie, ab 1907 Professor ebendort, ab 1916 Professor für Neutestamentliche Theologie in Kiel.

[37]Bianka Bothe geb. Timm, Tochter von Erichs Schwester Getrud verh. Timm.

[38]es handelt sich um Anna Peiper, die Frau von Alexander (I) Peiper, Dr.med., kgl. preuß. Generalarzt, Korpsarzt des 1. Armeekorps zu Königsberg, Sohn von Rudolph (I) Peiper und somit Vetter I. Grades.

[39]es könnte sich um Georgine Planck, Tochter von Hugo Planck handeln.

[40]Leonard Landois, geb. 1.12.1837, gest. 17.11.902, seit 1.7.1868 o. Professor und Direktor des Instituts für Physiologie, Universität Greifswald.

Ausgaben	9.000 M
Einnahmen	12.800 M
Annas Vermögen	64.025 M
Erichs Vermögen	73.415 M

1903

Wenige Zeit nach dem Geburtstage von Mama Peiper erhalten wir die Todesanzeige von Schwager Benno Ruppert aus Hirschberg in Schlesien. Derselbe wurde erfroren am Grab seiner Eltern in Herischdorf aufgefunden[41]. Die Witwe bleibt zurück in sorgenvollen Verhältnissen.

Bald starb auch Anna Peiper in Berlin[42].

Ostern verlassen Koertes[43] Greifswald, um nach Basel überzusiedeln.

Die Kinder werden versetzt; Irma nach Ia, Albrecht nach Obertertia, Herbert nach Untertertia, Ulrich nach Septima. Aus Anlaß dieser Freude fahren wir am Palmsonntag mit den älteren 3 Kindern auf 3 Tage nach Berlin. Ulrich war inzwischen bei Gerikes in Pflege. Nach Ostern besuchen Irma und Albrecht die Konfirmanden-Stunde bei Pastor v. Lieres.

Im Sommer erhielten wir von Else einen längeren Besuch. Sie wer recht nervös, erhalte sich aber doch ziemlich. Gleichzeitig weilten bei uns Margarethe und Frieda Peiper[44]. Diesem Besuch folgte der von Mama aus Hirschberg; sie war bis Anfang November bei uns.

Wir selbst reisten Anfang August mit Frau Simon über Rothenburg a.T., Lindau nach Pontresina, Celerina; zurück über Vulpera, Lindau, Nürnberg.

Schon Ostern hatte ich die Vertretung von Krablers in der Kinderklinik übernommen; die Vertretung wurde mir auch im W.S. übertragen. Die Zahl der Studierenden hat besonders im Wintersemester abgenommen.

Albrecht reiste in den Herbstferien mit seinem Freund Schönermark in dessen jetzige Heimat nach Bergsoll i. Meckl., Herbert zu seinem Freunde Krauthoff.

---

[41]Benno Ruppert ist in Bad Harmbrunn gestorben. Seine zweite Frau wird wiederum erwähnt, im Geschlechterbuch ist sie nicht aufgeführt. Durch betrügerische Machenschaften seines Teilhabers war kurz zuvor sein Unternehmen, der Bierverlag "Gebr. Franke" in Hirschberg, in Konkurs geraten.

[42]es handelt sich um Anna Peiper geb. Schnuppe, verst. in Berlin am 22.1.1903, Gallensteinleiden, Frau von Alexander (I) Peiper.

[43]Alfred Koerte, war von 1899 bis 1903 ao-Professor für Klassische Philologie an der Universität Greifswald. Bruder des berühmten Chirurgen Werner Koerte.

[44]es handelt sich um die Töchter von Alexander und Anna Peiper.

Irma war in den großen Ferien 8 Tage in Dersekow bei ihrer Freundin zu Besuch. Ich selbst reiste im Oktober auf 2 Tage nach Berlin, um mir elektrische Apparate anzusehen und zu kaufen.

Seit Ende Oktober brennen wir elektrisches Licht. Im November erscheint die II. Auflage der Tierischen Parasiten bei Hoelder in Wien.

Im November Zwist mit Moritz (?) der siegreich für mich endet.

Einnahmen	17.418 M
Ausgaben	ca. 10.000 M
Annas Vermögen	67.925
Erichs Vermögen	82.815 M

1904

In die Zeit von Neujahr bis Ostern fällt eine dritte Erkrankung von Herbert an Blinddarmentzündung. Auch diese verläuft in wenigen Tagen in günstiger Weise. Wahrscheinlich macht im Januar Ulrich ein latentes Scharlach durch.

Ostern fällt die Konfirmation von Irma und Albrecht. Erstere verläßt gleichzeitig die Schule. Albrecht als dritter wird nach Untersekunda, Herbert als elfter nach Obertertia, Ulrich nach Sexta als sechster versetzt. Herbert kommt nach Ostern zu Pastor v. Lieres in die Konfirmandenstunde. Mama aus Hirschberg ist zur Konfirmation hergekommen. Albrecht verreist Ostern nach Kröslin.

Nach Ostern beginnt die Abhaltung der Poliklinik für Hautkrankheiten.

Im Juli reisen Albrecht und Herbert nach Hirschberg gleichzeitig mit Mama. Besonders Herbert bekommt der Aufenthalt sehr gut. Am 24. September reist Anna mit Irma nach Arnstadt, um Irma daselbst in die Pension von Frl. v. Voigt zu bringen. Wir treffen uns in Muskau, wohin ich am 29. September mit Ulrich fuhr. Albrecht und Herbert sind bei Frau Prof. Simon, später reist Albrecht zu seinem Freunde Bahn nach Krößlin. Von Muskau, wo wir bei Meyens 2 schöne Tage verlebten, reisten wir nach Hirschberg. Dort fand am 3. Oktober der I. Peipersche Familientag statt, an welchem sich ca. 26 Personen beteiligten.

Die Feier war eine sehr würdige und schöne. Es folgte der Besuch in Bolkenhain, die Rückreise nach Berlin, wo wir mit Ulrich einen Tag blieben.

Im Sommer wurde von mir die Familienchronik fertiggestellt[45].

Herbert tritt zu Herrn Pastor Dunkmann in den Konfirmandenunterricht über in Folge Abganges des Herrn v. Lieres.

Im Dezember beginne ich, die Berufs- und Standesfragen fertigzustellen zum Druck.

Das Jahr schließt mit dem Eintritt einer grausigen Sturmflut in der Nacht vom 30. zum 31. Dezember.

---

[45]Erich Peiper. Chronik der Familie Peiper aus Schmiedeberg und Bunzlau in Schlesien. Druck von Julius Abel, Greifswald, 1905.

Einnahmen	17.185 M
Ausgaben	10.723 M
Erichs Vermögen	93.620 M
Annas Vermögen	68.145 M

1905

Das Weihnachtsfest und Neujahr, zu welchem Irma hergekommen war, verlebten wir gesund und munter. Anfang Januar reiste Irma in die Pension zurück und kehrte Ende März in das Elternhaus zurück.

Im Februar stellte mir der Ministerialdirektor Althoff bei einem Besuch eine etatsmäßige Stellung pro 1906 in Aussicht.

Herbert wird am Palmsonntag von Pastor Dunkmann[46] konfirmiert; er ist nach Untersekunda versetzt. Albrecht als zweiter rückte unter Erlangung des einjährig freiwilligen Zeugnisses nach Obersekunda, Ulrich nach Quinta auf als fünfter.

Schon vor Ostern Unterhandlungen wegen des Buches: Der Arzt. Dasselbe erscheint im September bei J.F. Bergmann in Wiesbaden. Ostern reisten Anna und ich auf einige Tage nach Berlin. Um diese Zeit war auch der Druck der Familienchronik vollendet.
l
Kurz vor Pfingsten erkrankte Albrecht, dann Irma an den Masern, welche Albrecht bei einem Besuch in Krößlin eingeschleppt hatte. Albrecht wird an einer Zahnzyste operiert.

Ostern und Michaelis übernehme ich die Vertretung von Krabler in der Kinderklinik. Übersiedlung der Hautpoliklinik in die Räume der medizinischen Poliklinik.

Am 10. Mai erhielten wir die Nachricht, daß Schwager Tereszkiewicz am 9. in Wilmersdorf an einer Bauchfellentzündung verstorben sei. Reise von Anna nach Wilmersdorf zur Beerdigung.

Am 1. August treffen Else und die Kinder, einige Tage später Mama zum Besuch bei uns ein. Else und Hildegard wohnten bei uns.

Am 15. August reisen wir in Begleitung von Irma über Kufstein nach Sand i. Taufers; von da nach Schluderbach, Innsbruck, München.

---

[46]Karl Dunkmann (1868-1932), evangelischer Theologie und Soziologe, war von 1905 bis 1907 Lizentiat der Theologie in Greifswald, ab 1907 Direktor des Predigerseminars in Wittenberg.

Rückkehr Anfang September. Abermalige Reise nach Berlin. Konferenz im Finanzministerium eröffnet, wenig Aussicht auf Erfolg.

Albrecht macht eine Fußtour mit Max Schirmer durch Mecklenburg, Herbert verlebt die Herbstferien in Berlin bei Zimmers.

Elses Krankheit und Aufenthalt in Eikerberg, Erkrankung ihrer Tochter Hilde an Ohren- und Lungenentzündung.

Besuch von Gertrud und Johannes, welche Mama abholen[47]. Im November Verlobung von Bianka[48] mit Otto Bothe.

Anfang Dezember wird durch Perronsito die Übersetzung der Parasiten ins Italienische angeboten. Bisher hat aber darüber nichts weiter verlautet.

Wir treten alle fröhlich ins neue Jahr.

Einnahmen   18.273 M
Ausgaben   10.914 M
Vermögen Anna 69.325 M
Vermögen Erieh 97.520 M

---

[47]es handelt sich um Johannes Timm und Gertrud geb. Peiper, Schwager und Schwester von Erich.
[48]Tochter von Gertrud und Johannes Timm.

1906

Das neue Jahr brachte eine Verschlimmerung in dem Befinden von Else, die Anfang März schließlich auf 2 Monate in die hiesige Prov. Irrenheilanstalt, im Frühjahr nach Ueckermünde überführt werden mußte. Es hatten sich bei ihr schwere religiöse Wahnvorstellungen entwickelt.

Ostern Versetzung von Albrecht nach Unterprima (als zweiter); Herbert wird nach Obersekunda, Ulrich nach Quarta versetzt. Anna und ich reisen nach Berlin auf einige Tage. Herbert erhält bei seiner Versetzung das einjährigen freiwilligen Zeugnis.

Pfingsten fahren wir, und zwar Freitags, nach Kopenhagen, und zwar Schwager Max, Albrecht, Herbert und ich, während Anna und Ulrich, Irma, Frl. Thea und Lenchen nach Binz auf 2 Tage fahren. Unsere Reisen verliefen sehr vergnügt. Albrecht reist zum Beginn der großen Ferien nach Hirschberg. Besteigung der Schneekoppe. Ulrich muß leider wegen einer Knieverletzung zurückbleiben. Herbert bekommt Besuch von Heinz Zimmer. Albrecht begleitet auf der Heimreise Mama.

Am 3. und 4. August Jubiläumsfeierlichkeiten der Universität. Ich war im Wohnungsausschuß beschäftigt.

Am 19. August fahren Anna und ich nach Reichenhall, um dort eine Kur zu gebrauchen. Irma war kurz vorher nach Hirschberg und Bolkenhain (Hochzeit von Dora[49]). Schwager Max kam uns nach Reichenhall nach, wo wir 8 Tage die Kur genossen. Am 26. traf uns die Nachricht, daß Mama erkrankt sei. wir reisten sofort ab und kamen am 28. August in Greifswald an, wo wir Mama sterbend antrafen. Lungenentzündung. Sie starb am 29. August früh 9 Uhr, ohne die Besinnung wieder erlangt zu haben. Am 30. August Einsegnung der Leiche durch Pastor Heyn[50]. Anna und ich begleiteten den Sarg über Berlin nach Hirschberg, wo wir am 1. September eintrafen. Beerdigung am 2. September nachmittags 3 Uhr auf dem Städtischen Friedhof. Vetter Scholtz aus

---

[49]es handelt sich um Olga Dorothea - Dora Peiper - Tochter von Geheimrat Hermann Peiper in Bolkenhain, verheiratet mit Robert Belger. Tante Dora war im Alter von 90 Jahren die älteste Teilnehmerin auf dem Familientag 1977.

[50]Immanuel Heyn (1859-1918), s. 1890 Pfarrer an St. Jacobi in Greifswald, ab 1911 Pastor an der Kaiser-Wilhelm-Gedächtniskirche Berlin, von 1912-1918 Mitglied des Deutschen Reichstages.

Berlin, Vetter Petermann und die Bolkenhainer Familie waren zugegen. Wir kehrten ohne Irma, die erst Ende September heimkehrte, nach Haus zurück.

Infolge der traurigen Familienverhältnisse mit Else trat eine Aussöhnung mit Schirmers ein. Wir nahmen an den Taufen der Jüngstgeborenen teil. Anna war Pate bei der kleinen Elisabeth[51].

Umbau in der Privatklinik.
Sammlung für den Hausbau des akademischen Turnervereins.

Leider erfolgte in der Familie Kögel eine Trennung der Ehegatten. Die Wohnung wird frei. Im Dezember mietet Frau Gräfin von Veltenbrink die Unterwohnung.

Frl. Thea Kaiser, die bei den Geschwistern Tereszkiewicz Mutterstelle vertritt, geht zum Oktober zu den Eltern zurück. Ein Frl. Bergemann übernimmt auf kurze Tage die Stelle von Frl. Thea. Sie geht ab und Irma versieht die Kleinen. Im November tritt Frl. Roloff an Mutterstelle ein.
Im Herbst war ich zum 2. Altherrentage in Berlin.

Die Vertretung von Krabler in der Abhaltung der Vorlesungen in der Direktion seit Mitte Mai. Eine Besprechung mit Elster führt wieder zu Versprechungen, an die wir nicht mehr glauben. Sehr viel Arbeit verursacht die Testamentsvollstreckung. Wir erben 4.400 aus dem Nachlaß[52]. Es wird in Leubus ein Legat für die Pflege der Gräber gestiftet. Das von den Eltern für Hirschberg zu gleichem Zwecke ausgesetzte Legat 300 M wird trotz all meiner Bemühungen nicht angenommen. Ich zahlte diese 300 Mark nun in die hiesige städtische Sparkasse, um auch für später die Pflege der Gräber der Eltern auf dem Komnunal Kirchhof in Hirschberg zu sichern. Meine Söhne übernehmen die Verpflichtung, dieses Legat bzw. Zinsen für die Pflege der Gräber in Hirschberg zu verwenden und diese Verpflichtung auch weiter zu vererben.

Den Winter verleben wir ruhig.

| Annas Vermögen | 71.510 M | Einnahmen 15.515 M |
| Erichs Vermögen | 107.120 M | Ausgaben 1.815,50 M |

---

[51] es handelt sich um Elisabeth gen. Litta geb. am 13.7.1906, die Tochter des Bruders von Anna Peiper, Prof. Otto Schirmer.
[52] es handelt sich um den Nachlaß der Mutter Peiper.

1907

Die etatsmäßige Stellung in dem Staatshaushalt wird eingesetzt, aber infolge der Reichstagsauflösung erst im Mai bewilligt. Wir hofften, Frühjahr, Sommer und Herbst auf die Ernennung. Inzwischen war Krabler am 18. Februar verstorben.

Ostern wird Albrecht nach Ober-, Herbert nach Unterprima, Ulrich nach Untertertia versetzt. Wir reisen, Anna und ich, Ostern 14 Tage nach Wiesbaden und besuchen auf dem Rückwege Weimar, Saalburg und Homburg.

Im Juni erkranke ich an einem Ikterus.

Ottos Versetzung nach Kiel, im Herbst nach Straßburg i. Elsaß[53].
Ulrich war Ostern und im Herbst bei seinem Freunde Schönermark auf dem Lande.

Anfang August Reise mit Albrecht, Herbert und Ulrich in Begleitung eines Türken, Prof. Schefketi, nach Bornholm.

Assistentenwechsel im Mai und Herbst. Zur Zeit sind angestellt Dr. Streitz, Marneik, außerdem arbeitet ein Japaner in der Kinderklinik, Dr. Ogata aus Osaka.

Im September Reise nach Schreiberhau mit Anna und Irma. Am 25. September Hochzeit von Bianka mit dem Polizeidistriktskommissar Otto Bothe in Posen.

Silberhochzeit von Gertrud und Johannes [Timm]. Am 29. September Familientag in Breslau. Irma bleibt noch 8 Tage bei Meisters[54] Influenza Anfang Oktober.

Ende Oktober Besuch von Wilhelm Timm[55], Superintendent in Mogilno; bald darauf Besuch von Otto Peiper[56].

---

[53]Prof. Dr. med.Otto Schirmer, Schwager von Erich und Bruder von Anna.
[54]es handelt sich um die jüngste Tochter von Rudolf (I) Peiper, Theone Aurelia Auguste Agnes verh. mit Ferdinand Meister in Breslau.
[55]es muß sich um einen Bruder von Johannes Timm handeln.
[56]dem späteren Schwiegersohn von Erich und Anna Peiper

Kurze Zeit vorher erkrankt Ulrich leicht an Diphtherie.
Albrecht bereitet sich für das Examen vor.

Ende des Jahres mancherlei Aufregung mit Frl. Roloff, die zu Anfang 1908 ihre Stellung verlassen muß.

Wir warten, warten noch immer auf die Ernennung.

Vermögen:

Erich	113.260 M	Einnahmen	17.600 M
Anna	72.070 M	Ausgaben	11.100 M

1908

Unsere Hoffnungen auf Lösung der Kinderklinikfrage gingen nach mancherlei Aufregungen endlich am 10. Februar in Erfüllung[57].

Am 18. März wurde Albrecht nach vorausgegangenem schriftlichen Examen dispensiert. Wir fuhren Ende April mit ihm nach Berlin, von wo er nach Freiburg i.B. abreiste, um daselbst Medizin zu studieren.

Herbert wurde Ostern nach Oberprima, Ulrich nach Obertertia versetzt. Letzterer besucht von Ostern ab bei Pastor J. Heyn die Konfirmandenstunde.

In den Osterferien besuchte uns Otto Peiper, der zur Zeit in Hamburg einen tropenhygienischen Kursus durchmacht. Er geht am 11. Juni als Oberarzt der Schutztruppe nach Ostafrika. Im Juli 14-tägiger Besuch von Frida und Margarethe[58].

Pfingsten fuhren wir nach Rügen. Fürchterlich stürmische Fahrt. Herbert traf uns am 2. Feiertag in Binz.

Am 2. August fuhren Mama, ich und Irma nach Lindau, wo wir mit Albrecht uns trafen, um von hier aus nach Schruns und Brandt zum Sommeraufenthalt zu gehen. Rückreise über Innsbruck, München, Nürnberg.

Ende September fuhr ich allein nach Köln zur Naturforschergesellschaft. Rückreise über Hildesheim.

Organisationsausbau der Säuglingsfürsorge.

Herbert bereitet sich auf das Examen vor.

---

[57]Erich Peiper wurde als Nachfolger von Krabler Direktor der Universitäts-Kinderklinik.
[58]es handelt sich um die Kinder von Alexander (I) Peiper.

Vermögen:
Erich   123.260 M
Anna   72.560 M
Einnahmen   23.632 M
Ausgaben   11.625 M

1909

Zu Kaisers Geburtstag erhielt Herbert eine Prämie in der Schule. Am 19. März wurde er nach dem schriftlichen Examen von der mündlichen Abiturientenprüfung dispensiert. Ulrichs Konfirmation bei Pastor J. Heyn am 4. April. Reise mit Albrecht und Herbert auf einige Tage nach Berlin.

Herbert bezieht die Universität Freiburg, um daselbst Medizin zu studieren.

Reise nach Italien.

Ulrich wurde zu Ostern nach Untersekunda versetzt. Albrecht fährt mit der geographischen Gesellschaft nach Stockholm. Im Juni Reise nach Dresden mit Anna zum Kongreß für Säuglingsschutz.

Im Juli Heiserkeit. Entfernung eines Polypen vom Stimmband. Am 6. August Konferenz in Berlin wegen Neubau der Kinderklinik.

Reise nach Salzuflen; von dort Ausflüge nach Detmold (2000 Jahrfeier der Teutoburger Schlacht) Bielefeld, Hannover. Albrecht begleitet uns auf der Reise.

Bedeutungsvoller Brief von Otto Peiper aus Kilwa (im Juni).

Unsere Freunde Gerikes gehen im Herbst nach Breslau.

Heimgang von Else Tereszkiewicz am 8. August zu Ueckermünde. Anna war am 5. August bei ihr auf Wunsch der Kranken.

Am 25. Oktober reist Albrecht nach München, um dort das Wintersemester zu studieren. An demselben Tage operiert mich Koerner-Rostock abermals Bei der ersten Operation soll der Polyp nicht in toto entfernt sein.
I
In diese Zeit fällt der Zusammenbruch des Hauses Schirmer in Straßburg.

Otto geht mit seiner ältesten Tochter nach Amerika (New York). Liesel zieht nach Greifswald.

Besuch von Frida und Margarethe im Herbst.

Am 6. Dezember bzw. 13. Verleihung des Roten Adler-Ordens IV. Kl.

Die Kinderklinikfrage scheint vorwärts zu gehen.

Die Nichten Tereszkiewiçz werden von Frl. Käthe Schütze in Obhut genommen.

Vermögen	Einnahmen	13.500 M
126.860 M	Ausgaben	11.921 M
72.560 M		

1910

Im Winter wird die Arbeit über die Säuglingssterblichkeit in Pommern abgeschlossen[59]. Es schließen sich daran Vorträge. Teilnahme an den Sitzungen der Preuß. Landeszentrale für Säuglingsschutz, dem Anna und ich als Vorstandsmitglieder angehören.

Ostern wird Ulrich nach Obersekunda versetzt.

Wir reisen im April nach dem Gardasee und Bozen.

Otto, der im Sommer heimkehren soll, muß lange auf seine Heimreise warten.

Albrecht besteht sein "Physikum" mit "sehr gut".

Mitte September Reise nach Königsberg zur Naturforscherversammlung. Auf der Rückreise besuchen wir Marienburg und Danzig.

Albrecht tritt am 1. Oktober in das hiesige Bataillon als Einj. Freiwilliger ein.

Am 27. Oktober trifft Otto in Berlin ein, wo wir ihn mit Irma begrüßen. Am 30. Oktober Mittag kommt er nach Greifswald; die Veröffentlichung der Verlobung findet statt. Herbert bezieht die Universität München.

Ende November erkrankt Albrecht an einer Nierenbeckenentzündung, die uns große Sorge bereitet.

Der Neubau der Kinderklinik, der zeitweilig mit Hochdruck betrieben wurde, scheint zurückgestellt zu sein.

Weihnachten feiern wir alle gesund.

Vermögen:
Erich	129.860 M
Anna	72.870 M
Einnahmen	25.583 M
Ausgaben	14.586 M

---

[59]Erich Peiper u. Richard Pauli: Die Säuglingssterblichkeit in Pommern, ihre Ursachen und ihre Bekämpfung. Klinisches Jahrbuch, 23: 1910.

1911

Albrechts Genesung machte erfreuliche Fortschritte. Er wurde jedoch vom Militär als Invalide entlassen, was ihm keinen besonderen Schmerz verursachte.

Das neue Jahr brachte die Vorbereitungen zur Hochzeit von Irma, die auf den 25. Februar festgesetzt wurde. Von auswärtigen Gästen kamen zur Hochzeit: Alma und Walther[60]. Aus Breslau eine junge Dame Frl. Fiebiger. Von hiesigen Freunden nahmen teil: Grawitz, Loeffler, Beumer, Kutzner, Fromhold, Frau Simon, Hoffmanns, Stabsarzt Müller, auch der Oberstabsarzt Herrmann aus Schweidnitz, wie Max Schirmer, Liesl, Hanna[61], Frl. Schütze, Eva Schirmer, Lenchen[62], Hilde[63], Frl. Haeskermann (?), Hilde Hoffmann, Hilde Voigtel, Frl. Rahsow, Frl. Schütze; außerdem waren von Ottos Freunden Leutnant Hoffmann, Schulze und Oberarzt Weineck gekommen. Außerdem waren Brautführer Tews cand.med. und Trosche cand. med.

Der Polterabend wurde ebenso wie die Hochzeit im Club gefeiert. Die Hochzeitsfeier in der Nicolai-Kirche hielt Pastor J. Heyn ab. Die ganze Feier verlief außerordentlich harmonisch. Am nächsten Tag fuhren Mama und ich noch auf eine Stunde nach Stralsund, um von dem jungen Paare Abschied zu nehmen. Dasselbe fuhr über Berlin, München, Bozen Venedig nach Rom und Neapel und bestieg am 20. April das Schiff, das sie am 8. Mai in Daressalam landen ließ. Otto ist hier Medizinalreferent, im August Stabsarzt geworden. Wir erfreuen uns von ihnen guter Nachrichten.

Ostern wurde Ulrich nach Unterprima versetzt. wir fuhren am Palmsonnabend nach Locarno und von da nach Lugano. Die Reise war kurz, da neue Pläne zum Kinderklinik-Neubau zu erledigen waren.

Anfang Juni war in Swinemünde pommerscher Ärztetag, auf dem ich den Stralsund-Greifswalder Verein zu vertreten hatte.

---

[60]Alma Peiper geb. v. Ziegler, Mutter von Otto Peiper, Walther Peiper, Bruder von Otto Peiper.
[61]Liesl Schirmer, Tochter von Otto S. und deren Tochter Johanna nachmals verheiratete Krisch.
[62]Helene Tereszkiewiçz, später verheiratete Riemer.
[63]Hilde Schröder geb. Schirmer, Schwester von Anna Peiper.

Bald nach unserer Rückkehr wurde Hildegard Schröder[64] von Woerner an einem Gallensteinleiden operiert und erlag der Operation am 24. Juni.

Mama hatte in der Folge viel Sorge und Arbeit mit der Einrichtung des Haushaltes.

Im Juli bestand Herbert das Physikum mit sehr gut in allen Fächern.

Im August reisten Albrecht und Herbert auf 3 Wochen nach Norwegen und kamen über Hamburg zurück. Wir reisten im September nach Berlin zum III. intern. Kongreß für Säuglingsschutz, wo ich Mitglied des internationalen Komitees wurde. Von da reisten wir über Dresden (Ausstellung) nach Baden-Baden, weiter nach Karlsruhe zur Naturforscher Versammlung. Von da fuhren wir über Gießen (Koerte) und Kassel nach Hause. Rieke hat während unserer Abwesenheit das Haus gehütet.

Im Herbst fuhr Ulrich nach Bergsoll zu seinem Freunde Schoenermark.

Herbert trat am 1. Oktober beim Militär hier ein. Herbert fuhr am 2. Weihnachtstage zu Max Schirmer nach Merseburg.

Wir waren nochmals im Dezember zur Preuß. Landeszentrale in Berlin.

Die Bewilligung der Kinderklinik erfolgte Anfang Dezember.

Einnahmen 20.539 M
Ausgaben   18.684 M

---

[64]Hildegard Schröder geb. Schirmer, geb.29.8.1874, Schwester von Anna Peiper.

1912

Das erste Ereignis war die Verlobung von Helene Tereszkiewiçz mit dem Pastor an St. Marien Martin Riemer, Greifswald.

Herbert beendete am 31. März seine Dienstzeit und wird zum Sanitätsgefreiten ernannt. Ulrich wird Ostern nach Oberprima versetzt.

Im Frühjahr beginnt der Neubau der Kinderklinik auf der Soldtmannstraße. Die Beschlüsse über den Bau eines Säuglingsheimes schwanken hin und her. Am Schlusse des Jahres scheint nach vorausgegangener günstiger Aussicht nur noch wenig Hoffnung auf Verwirklichung dieses Planes zu bestehen.

Albrecht geht im Sommer-Semester nach Freiburg.

Am 4. Mai erhalten wir aus Daressalam die Nachricht von der Geburt eines Enkels, Erich. Irmas Befinden ist zunächst gut, versetzte uns aber im Sommer in Sorge. Ebenso wurde der Kleine zeitweilig krank. Am Schlusse des Jahres geht es den Kindern in Daressalam gut. Sie rüsten schon in Gedanken zur Heimreise.

Am 1. Juni feierten wir unsere Silberhochzeit, zu der Max Schirmer mit seiner Braut Margarete Wentz gekommen war.

Im September fuhren wir nach Schierke, von dort des Wetters wegen nach Ems, schlossen eine 3-tägige Moselreise an, machten schließlich den Kongreß in Darmstadt vom 20. - 22. September mit. Am 22. begann eine Dienstreise, die mich mit Dr. Lucht von Darmstadt über Heidelberg, Straßburg, Frankfurt, Köln, Düsseldorf, Kassel, Göttingen nach Berlin führte. Besuch bei Gerikes.

Am 17. Oktober Helenes Hochzeit.

Inzwischen war Schwager Schröder unter Beförderung zum Major nach Kottbus versetzt worden.

Im Herbst Verlobungen von Hanna Timm in Hirschberg mit Polizei-Inspektor Haeder.

Mit Meister wurde wegen seiner Eigenmächtigkeiten bezüglich der Familienchronik ein Streit geführt. Inzwischen teilte Eveline aus Bolkenhain mit, daß durch einen Konkurs die Familienkasse verloren gegangen ist.

Herbert geht im Wintersemester nach München. Mama ist während der Weihnachtsfeiertage krank, aber am Silvester wieder munter.

Einnahmen   25.000 M
Ausgaben   11.000 M

1913

Die Nachrichten aus Daressalam lauten weiterhin günstig.

Ulrich macht am 4. März sein Abiturientenexamen; er wird mit Ausnahme des Griechischen dispensiert. Er geht im Sommer-Semester nach München, um Medizin zu studieren.

Albrecht beginnt sein Staatsexamen im April, das er am 16. Mai beendet. Am 3. Mai, vor dem Geburtstag von Erich jun., landen Otto und Irma in Marseille und kommen am 5. Mai in Berlin an, wo wir sie abholen. Am 17. Mai Taufe in Greifswald. Paten: Alma, Erich, Walther, Frau Fielitz, Frau Gerike, Albrecht.

Am 19. Mai reisen wir nach Adenstädt bei Hildesheim zur Feier der Hochzeit von Max Schirmer (14. Mai).

Erich jun., gen. Bobri, leidet an Möller-Barlow Krankheit, wird in den nächsten Wochen völlig gesund[65].

Im März gehen Pastor Riemers nach Berlin, wo er Geistlicher an der Heilandkirche wird.

Geburt von Hans Ulrich am 5. Juli in Greifswald. Taufe am 26. August. Paten: Mama, Herbert, Ulrich, v. Ziegler, Wericik (?), Schulte, Frl. Haekermann. Auch Hans Ulrich wurde von Pastor Jahn getauft.

Der Bau der Klinik geht langsam vorwärts.

Otto entschließt sich zum Rücktritt ins Heer. Er erhält am 12. Sept. den Roten-Adler-Orden 4. Klasse[66].

Albrecht tritt am 25. Mai als Medizinalpraktikant bei Steyrer[67] (innere Klinik) ein und geht am 1. Oktober nach Berlin in die Charité zu Kraus[68].

---

[65]Bei Säuglingen auftretender Skorbut = Vitaminmangelkrankheit von Vit. C.
[66]nicht wie im Geschlechterbuch erwähnt, den Roten-Adler-Orden 3. Klasse.
[67]Anton Steyrer (1873-1943), Corps Alemannia Wien, s. 1909 Professor für Innere Medizin Universität Greifswald, wechselt 1913 nach Innsbruck.
[68]Friedrich Kraus (1858-1936), ab 1902 Professor für Innere Medizin und Direktor der II. Medizinischen Klinik der Charité in Berlin.

Am 8. September fahren wir über Berlin nach Hirschberg zum Besuche von Gertrud (Timm). Johannes siecht dahin.

Sitzung des Kongresses für Säuglingsschutz in Breslau, wo wir bei Gerikes logieren. Von Breslau fahren wir zum Kongreß nach Wien, wo ich zum I. Vorsitzenden der Deutschen Gesellschaft für Kinderheilkunde gewählt werde.

Die Klinik wird am 30. November eingeweiht mit einer Ansprache von mir.

Ernennung zum Geh. Med. Rat unter dem Patent vom 29. Oktober[69].

Otto wird in Prenzlau Stabsarzt, wo es ihm und Irma gut gefällt.

Besuch aller Kinder zu Weihnachten.
Sturmflut in der Nacht vom 30. zum 31. Dezember.

Nennwert	229.155 M
Einnahmen	22.989 M
Ausgaben	(keine Angabe)

---

[69] im Geschlechterbuch steht fälschlich seit 1921 Geh. Med. Rat, im Übrigen hat Erich Peiper den Roten-Adler-Orden 4. Kl. am 6.12.1909 erhalten. Weiterhin ist zu erwähnen, daß Erich Peiper Ehrenmitglied der Deutschen Gesellschaft für Kinderheilkunde war.

1914

Das neue Jahr feierten wir alle zusammen.

Im Januar Vortrag in Stettin (22.), wohin mich Anna begleitete. Ostern fuhren wir nach Wiesbaden auf 10 Tage. Angenehmer Aufenthalt. Vorher war ich bei Otto Gerike zur Konfirmation. Zu Pfingsten waren wir in Prenzlau. Das Säuglingsheim wird begonnen. Bald folgen schwüle Tage im Juli, die schließlich zur Kriegserklärung führten.

Am 2. August kam Irma mit den Kindern zu uns. Otto war an demselben Tage nach Brandenburg abgereist, wo er den Feldzug bei den 6. Kürassieren mitmacht. Belgien, masurische Seen, Krakau, Lodz. Er kam krank am 30. November zurück. Eisernes Kreuz. Er hat sich am Ende des Jahres gut erholt. Albrecht wurde im Mai mit seinem praktischen Jahre fertig und erhielt die Approbation. Er trat eine Reise nach Nordamerika im Juni an, kehrte am 29. Juli zurück, gerade als die Kriegserklärung unmittelbar bevorstand. Er traf bei uns am 31. Juli ein. Auch er meldete sich und kam schließlich als nur garnisonsfähig an das Reserve-Lazarett nach Stettin. Weihnachten war er bei uns.

Herbert beendete im Mai sein Staatsexamen, trat hier als Med. Praktikant bei Professor Morawitz[70] ein. Am 2. August ging er als Feld-Unterarzt nach Altdamm und rückte mit dem Etappentrain nach Aachen, Belgien, Frankreich, wo er bis jetzt in Chauny sitzt. Er bekam bald seine Approbation, im Dezember seine Promotion. Eisernes Kreuz am 4.11.

Ulrich studierte hier, wollte im Juni zur Artillerie übertreten. Das zerschlug sich zunächst. Als der Krieg ausbrach, trat er sofort als Fahnenjunker in Stralsund bei dem 42. Inf.Regt. ein, 3. Komp.

Am 1. Oktober rückte er aus. Wir fuhren mit ihm von Stralsund bis Greifswald.

Am 12. Oktober war in Noyon, bezog dort die Schützengräben. 37 Gefechtstage. Am 20. November erhielt er das Eiserne Kreuz. Bald kam er nach R. Polen, wo er am 4. Dezember bei Lodz (Pabianke) einen Granatsplitter in das

---

[70]Paul Morawitz, geb. 3.4.1879, gest. 1.7.1936, von 1913 bis 1921 Ordinarius und Direktor der Medizinischen Klinik in Greifswald.

linke Radiusköpfchen bekam. Heimkehr. Operation nach 3 Wochen. Es geht ihm z.Z. gut.

Den kleinen Böbsen Erich und Hänschen geht es gut. wir haben viel Freude an ihnen.

Vermerk darunter:
Erbschaft Großvater Planck für Anna 7.700 M

Einnahmen 26.823
Ausgaben 20.000

1915

Das Kriegsjahr 1915 geht zu Ende, ohne daß eine endgültige Entscheidung gefallen ist. Die Deutschen und ihre Bundesgenossen haben zwar überall große Erfolge errungen, aber der Widerstand der Feinde ist noch nicht gebrochen.

Das Neujahrsfest feiern wir mit Irma, Otto, der noch auf Erholungsurlaub aus R. Polen hier war[71]. Ulrich, der von seiner Verwundung noch nicht wiederhergestellt war.

Im Februar trat Ulrich zur Artillerie über – 2. Pomm. Feldart. Regt - Wir besuchten des häufigeren Albrecht und Ulrich in Stettin. Albrecht macht Anstrengungen, ins Feld zu kommen. Dies gelingt ihm im Sommer. Am 1. Juli geht er nach Galizien zu einem Feldlazarett, macht hier die Züge durch die Rollitursümpfe (?) mit. Kommt später zum 41. Inf. Regt. und schließlich zum Rekrutendepot der I. Inf. Div. bei Kowel.

Herbert hatte eine angenehme Stellung in Channy, kam aber im Laufe des Frühjahrs nach einem Kriegslazarett und rückte schließlich Mitte September nach Serbien, wo er bis nach Krakujevas kam. Zur Zeit ist er wieder in Frankreich (Tournier). Im September besuchte er uns 7 Tage.

Ulrich rückte im Juni nach Kurland und liegt z.Z. vor Dünaburg. Ende November kam er auf Urlaub auf 3 Wochen. An seinem Geburtstage fuhr er wieder fort.

Irma besuchte Otto erst in Wittenberg und später in Lublinitz, Otto wurde an das Kriegslazarett Kielce versetzt; später nach Slondu (?). Ottos Besuch im Oktober. Irma begleitet ihn bis Skanderschütz.

Otto kam zum Weihnachtsfest auf einige Tage zum Besuch.

Anna und ich waren im März zum Kongreß in Berlin, wo wir Gertrud trafen. Dieselbe lebt noch unter schwierigen Verhältnissen bezüglich der Erbschaftsangelegenheit[72].

---

[71]R. Polen heißt offenbar Russisch-Polen.

[72]Es ist nicht ganz klar, ob es sich um Gertrud Timm, die Schwester von Erich handelt, oder möglicherweise auch um Gertrud Glücksmann, die Schwester von Otto Peiper.

In der Vorlesung waren nur einige wenige Zuhörer.

Im November Inbetriebnahme des Säuglingsheims. Sehr gegen meinen Willen wurde ich im Juli zum o. Honorarprofessor ernannt[73] [74].

Im September reisten wir auf 12 Tage nach Wiesbaden. Vorzeitige Rückkehr wegen eines Gesichtsfurunkels.

Die Kleinen, Erich und Hans, entwickeln sich gut und machen uns viel Freude.

Einnahmen 25.542 M

---

[73]Diese Ernennung von Erich Peiper ist im Geschlechterbuch nicht vermerkt.
[74]Der Hinweis "sehr gegen meinen Willen" ist so zu verstehen, daß Erich Peiper den Wunsch und die Hoffnung gehabt hat, Ordinarius und somit ordentl. Professor für Kinderheilkunde zu werden, während seine Ernennung zum Ordinarius honoris zwar ehrenvoll war, aber nicht die Verselbständigung der Kinderheilkunde zu einer Disziplin im Bereich der Fakultät bedeutete.

1916

Als erste Überraschung kam am 1. Januar Herbert aus dem Westen auf Urlaub; er blieb bis zum 13. Januar. Er war noch angegriffen von den großen Strapazen.

Zu unserer Freude erhielt Albrecht am ..... das Eiserne Kreuz.

Im Februar begannen gegen Ende des Monats die Kämpfe vor Verdun. Herberts Inf. Regt. 20 hat all die schweren Kämpfe mitgemacht. Nachdem er in Mühlhausen in Reserve gekommen war, wurde er zu einem Gaskursus im März Berlin kommandiert; wir waren mit ihm einige Tage in Berlin. Er kam von dort auf 2 Tage nach Greifswald.

Auch Albrecht sahen wir am .. März in Berlin, wo er auf der Durchreise von Ost nach West unterwegs war; leider mußte er nach Ost wieder zurück, kam aber bald nach Longnyon bei Verdun, wo er sich zweimal mit Herbert traf. Auf Urlaub kam er vom ...bis ..., mußte denselben aber abbrechen und zu dem unterwegs befindlichen Rekrutendepot nach Breslau abreisen. Albrecht kam nach der Bukowina; zur Zeit ist er in Tezrö am Theiß. Während seines Urlaubs machten wir mit ihm einen Ausflug nach Stubbenkammer.

Ulrich kam überraschend auf Urlaub am 13. März bis 5. April; er ging nach Widry, von dort später in die Gegend von Pinsk, dann in die von Nowo Grodek und schließlich im November nach Kowel. Vom 1. Dezember bis 26. Dezember war er auf Urlaub bei uns.

Gleichzeitig mit ihm traf Herbert auf Urlaub (1.-12.Dez.) hier ein.

Wir verlebten mit Ulrich und Otto ein gutes Fest.

Otto hatte im April eine Musterungsreise in Oberschlesien, wohin Irma reiste und bis zum Mai blieb. Irma kam zu meinem 60-jährigen Geburtstag am 19. Mai zurück, reiste aber noch 14 Tage wieder nach Schlesien zurück.

Otto war zu Pfingsten hier; auf Urlaub kam er erst am 21. Dezember, verlebte mit uns das Fest, mußte aber am 27. schon seinen Urlaub unterbrechen, um sich einer Musterungskommission für Neuvorpommern anzuschließen.

Im September und Oktober waren Margarete und Max Schirmer bei uns; letzterer leidet an einer Versteifung der Wirbelsäule. Er wurde invalidisiert und kehrte nach Salzschlirf zurück.

Die Böbse entwickeln sich fröhlich und gesund; beide zeichnen sich durch kräftige Stimmen aus.

Vom 15. - 22. April besuchte Irma eine Freundin, Frau Hauptmann Montfort aus Prenzlau.

Wir hatten außerdem noch Besuch von Gertrud im Juni[75].

Im August waren Anna und ich auf 14 Tage in Swinemünde.

Im Mai Herausgabe des Leitfadens für den Schulunterricht in der Säuglingspflege. Gründung eines Presseausschusses für Säuglingspflege.

Vorbereitung zur Herausgabe für Schultafeln zur Säuglingspflege.

Einnahmen	26.740 M
Ausgaben	13.677 M

---

[75]Es handelt sich wahrscheinlich um Gertrud Timm, die Schwester von Erich.

1917

Sylvester verlebten wir mit Otto, den wir in der Nacht vom 31. Zum 1. Januar auf den Bahnhof begleiteten. Er musterte bis zum 1. Februar in Vorpommern, dann Urlaub bis zum 21. Februar.

Vom 23. März bis 17. April kam Albrecht aus Terzö auf Urlaub. Albrecht ist noch immer beim Feldrekrutendepot der I. Division.

Er sehnt sich sehr nach einer anderen Tätigkeit. Alle Bemühungen, ihn von dort fortzubekommen, sind im Lauf des Jahres vergeblich gewesen. Schließlich teilt er uns am 20. Dezember mit, daß er auf einer weiten Reise nach dem Westen begriffen ist. Weihnachten hat er wahrscheinlich auf der Eisenbahn verlebt.

Am 16. Mai bekam Ulrich ein Kommando nach Jüterbog; von dort aus kam er wiederholt nach Greifswald. Er fuhr, da sein Urlaub unsicher erteilt war, zum Regiment Ende Juli zurück, kam aber bald zurück, so daß er uns nach Göhren begleiten konnte. Von dort fuhr er zu seinem Regiment in die Gegend von Tarnopol.

Herbert kam vom 24. Juni bis 14. Juli auf Urlaub. Mit ihm kam sein Freund Kinzel auf 8 Tage zum Besuch. Zur Front zurück, hat Herbert blutige Tage verlebt. Schließlich kam er noch in eine schlimmere Zeit am Chemin des Dames. Am 14. November erhielt er das EK I. Bald war er wieder bei Cambrai. Am 18. Dezember kam er hinter der Front in hohe Gefahr.

Irma fuhr im Mai nach Bromberg zu Otto, der dort zunächst, später wieder in Vorpommern musterte. Otto fuhr erst Mitte August wieder nach seinem Feldlazarett in Nowaja-Minsk zurück.

Wir waren vom 6. August bis zum 19. in Göhren, wo wir schöne Tage verlebten. Wir trafen viele Bekannte.

Im Frühjahr wurde Ulrich Adjutant; Herbert Oberarzt am 15. Oktober, Albrecht am 10.12.

Anfang Oktober bekamen wir Besuch von Gertrud[76].

---

[76]Gertrud Timm, Schwester von Erich.

Im Sommer kam die Nachricht, daß Otto Schirmer am 6. Mai an einem Gehirnabszeß gestorben sei. Otti war bei ihm. Am 30. Juni starb Hildegard Tereszkiewiçz am Unterleibstyphus; sie war bis dahin Hilfsschwester im Vereinslazarett Akad. Turnerverein.

Am 21; September waren wir in Leipzig zur Kriegstagung der Gesellschaft für Kinderheilkunde, wo wir viel Arbeit, aber auch viel Freude hatten.

Der Ärger kam erst nach.

Die Kleinen, Erich und Hans, entwickeln sich geistig und körperlich erfreulich weiter.

Otto traf zum Weihnachtsfest am 20. Dezember ein.

Einnahmen   33.371 M
Ausgaben   16.277 M

1918

Neujahr verlebten wir mit Otto zusammen, der aber am .... wieder zur Front fuhr nach dem Osten. Am 3. Jan. kam Herbert, der bis zum 24. Jan. Urlaub hatte. Am 20. Jan. traf auch Albrecht ein, aus dem Westen (Urlaub bis 7. Febr.) so daß wir Mamas Geburtstag zusammen feiern konnten.

Im März kam Otto, der in Berlin sich zum Kreisarztexamen vorbereitete, auf einen Tag herüber. Er bestand das Examen am ... Das Frühjahr brachte im Westen schwere Kämpfe. Herbert machte die Offensive mit und bekam am 8. Juni das E.K.[77], Ulrich ebenfalls. Albrecht kam vom Feldrekrutendepot zum Grenadierregiment 3 (Königsberg) und machte mit demselben schwere Kämpfe durch. Am 8. Juni wurde Herbert durch einen Granatsplitter am Kopf, oberhalb der Stirn, verwundet. Er kam auf kurze Zeit zu uns, musste aber wieder nach der Front. Infolge eines Grippeanfalls bekam er einen 4wöchigen Urlaub, den er zum Teil in Nauheim und zum Teil bei uns verlebte.

Ostern kam Erich jun. auf die Schule in Greifswald.

Der Sommer verlief in Sorge um die Söhne. Allmählich trat die Sorge um Deutschland hinzu.

Ich war im Juli und 1. August in Berlin zu Konferenzen in Angelegenheiten der Einführung des Säuglingspflegekursus in die Volksschule in Berlin. Im März war ich schon zu einer gleichen Konferenz in Berlin. Im Februar Vortrag in Stettin; zwei weitere Vorträge hielt ich im September in Stettin, auf Veranlassung des Oberpräsidenten.

Deutschlands Zusammenbruch hat uns schwer getroffen. Es kam die Republik.

Die Zeit hat viele Psychopaten erzeugt. wir sind glücklich, dass unsere Söhne glücklich heimgekehrt sind. Herbert kam gleichzeitig mit Otto Mitte Dezember, Ulrich auf 12 Stunden am 24. und Albrecht am 26. hier an.

Albrecht hat begründete Aussichten zu Czerny-Berlin, Herbert zu Schmieden (Chirurg) nach Halle zu kommen. Otto hofft auf eine Kreisarztstelle. Ulrich ist noch unentschlossen, ob er seine Militärlaufbahn aufgibt. Zum Jahresschluss fehlt uns Ulrich, der in Kolberg an der Grippe erkrankt ist.

---

[77]Hier irrt sich Erich Peiper, s. Eintragung für das Jahr 1917, die richtig ist

Albrecht kam am ersten Feiertag hier an.

Einnahmen	32.800 M
Ausgaben	15.600 M

1919

Herbert verließ uns am 3. Jan., um bei Schmieden in Halle als Volontär einzutreten, Albrecht am 5. Jan., um nach Berlin an die Kinderklinik zu Czerny überzusiedeln. Am gleichen Tage erhielten wir aus Kolberg die Nachricht, dass Ulrich schwer erkrankt sei. Wir fahren alsbald nach Kolberg und trafen ihn mit einer schweren Lungenentzündung an. Ich blieb 8 Tage, Mutter noch länger in Kolberg. Ich konnte ihn damals in Genesung begriffen, verlassen. Ulrich kam dann Ende Januar zurück und begann alsbald sich um Physikum vorzubereiten, das er Anfang April bestand.

Ostern war Albrecht auf einige Tage hier.

Ende März siedelte Irma und die Kinder nach Gr. Lichter-Felde über. Otto war Mitte Januar als Hilfsarbeiter im Ministerium d. I. Medizinalabteilung eingetreten. Leider stellte sich im Mai heraus, dass er eine (ein Wort nicht leserlich) Spitzenerkrankung hatte. Ende Mai ging er nach Warsach in Oberbayern, von wo er nach kurzem Aufenthalt in Reichenhall Anfang November recht wohl und munter heimkehrte.

Herbert gefiel es in Halle sehr gut, wenigstens was seine Arbeit anbelangt. Als Schmieden im Herbst nach Frankfurt berufen wurde, folgte Herbert ihm bald nach und wurde zunächst als Rettungsarzt in der chir. Klinik eingestellt.

Herbert kam im August auf Besuch und machte eine Segeltour nach Dänemark.

Irma war in den großen Ferien mit den Kindern zum Besuch bei uns. Albrecht folgte Ende August auf drei Wochen zum Besuch.

Mama fuhr im Oktober nach Gr. Lichter-Felde auf 14 Tage, ich im Dezember auf einige Tage. Schließlich kam Herbert am Silvester zum Besuch. Ulrich studiert weiter Medizin.

Der Wirrwarr im politischen Leben, auch in der Stadt, ist groß. Der Krieg hat ein Heer von Psychopaten geschaffen. Keiner will arbeiten, aber alle viel Geld einnehmen und ausgeben. Wir sehen einer trüben Zukunft entgegen.

Herberts Besuch in den ersten Tagen des Januar. Otto ist die Kreisarztstelle in Greifswald angeboten. An diese Möglichkeit schließen sich mancherlei unangenehme Erörterungen, da die Fakultät Einspruch erhebt und die Trennung der

Gerichtsarzt- von der Kreisarztstelle nicht wünscht. Ich weise die gegen mich erhobenen Einwendungen energisch zurück. Ende März kommt Irma mit den beiden Jungen zu uns und bleibt bei uns bis Ottos Ernennung am 15. Juli zum Kreisarzt erfolgt. Sie ziehen auf die Münsterstraße, während Otto zwei Zimmer in unserem Hause als Amtszimmer durch Frau Geh. Rat Weissmann erhält.

Ostern kommen Albrecht und Herbert auf einige Tage zum Besuch. Herbert ist Assistenzarzt an der chir. Klinik in Frankfurt geworden.

Besuch Anfang August in Rostock bei Brünning. 3wöchentlicher Aufenthalt in Graal bei Müritz. Besuch von Lentz, später von Thiermick-Leipzig.

Ulrich besteht im Dezember das Staatsexamen. Albrecht kommt zu Weihnachten auf einige Tage zu uns.

1921

Ulrich tritt als Med.-Praktikant bei Friedberger im hygienischen Institut ein.

Besuch von Herbert Anfang Januar und Ostern.

Am 18. Jan. meine Ernennung zum persönlichen Ordinarius.

Besuch von Max Planck und Frau im Frühjahr.

Pfingsten Versammlung der Deutschen Gesellschaft für Kinderheilkunde in Jena, wohin ich als Vorsitzender mit Anna fahre. Besuch vom Schwarzatal und Weimar. Auf der Hinreise waren wir bei Sigmar Scholtz[78] zum Besuch. Albrecht begleitete uns nach Jena.

Zwistigkeiten wegen der Abtretung der Wohnung an Otto mit Frau Weissmann, die schließlich im September die Wohnung räumt. Otto und Irma beziehen die Unterwohnung.

Reise von Anna und mir nach Reichenhall-Kirchberg. Auf der Hinreise Besuch bei Planck und in München bei Ulrich.

Oktober Familientag in Berlin.

Ulrich kommt im Oktober zum Besuch und erkrankt an einer Blutung aus den Harnwegen. Rückreise Ende November.

Herbert ist während unserer Abwesenheit im August hier auf Urlaub. Albrecht im September.

Hänschen ist einige Wochen krank an einem unklaren Fieber (Drüsenfieber?)

Weihnachten Albrechts Besuch.

Wir schaffen uns im Dezember einen Hund an.

---

[78]Erichs Mutter, Sidonie Peiper, war eine geb. Scholtz. Sigmar Scholtz, kgl. preuss. General-major, war der Sohn ihres Bruders Alexander und somit ein Vetter 1. Grades von Erich.

Am 16.11. starb Max Schröder, Oberst- u. Regierungsrat am Versorgungsamt in Brandenburg an der Havel, wahrscheinlich an einem Schlaganfall[79].

---

[79]Max Schröder, Schwager von Erich, verh. mit der 1911 verst. Schwester von Anna - Hildegard; Else ist die 2. Frau von Max Schröder. Die Witwe Else zieht später nach Greifswald

1922

Erkrankung von Hans an einem Drüsenfieber; ebenso erkrankt Irma an einem Hygrom der Kniekehle.

Zu Ostern Besuch von Albrecht und Herbert. Ulrichs Verlobung am 14. Mai, Irmgard Kolbe aus Blesewitz. Große Freude in der Pfingstwoche, Besuch des Brautpaares. In den folgenden Tagen Universitätstag in Stargard, wo ich einen Vortrag halte. Besuch gleichzeitig bei Korths.

Bald am ...folgte die Verlobung von Herbert mit Erika Diener aus Frankfurt/M., Tochter des verstorbenen Konsuls Diener in Frankfurt. Ende Juli Besuch von Frau Diener, ihrem Sohn Walter und Erika.

Teuerungswelle, die von Woche zu Woche zunimmt. Ein Pfund Butter kostet am Ende des Jahres zwischen 5.000 und 6.000 M, Brot und Fleisch erreichen enorme Preise.

Reise nach Leipzig zur Versammlung der Paediater. Albrecht, der z.T. hier, z.T. in Lubmin seine Ferien verlebt hatte, begleitet mich. Besuch bei Onkel Hugo, der dann im November (22.) plötzlich verstarb[80].
.)
Hochzeit von Ulrich am 22. September. Besuch von Degkwitz nach der Hochzeit.

Besuch von Vetter Sigmar Scholtz im Juni. wir hatten auch von Hugo Schröder, Gen. Oberarzt Hermann Besuch[81].

Üble Erfahrung mit einem Studenten, den wir gelegentlich einer Tagung hier logierten.

Am 11. Oktober Abreise von Herbert zu einer Studienreise nach Nordamerika, Chicago, an das Augustana-Hospital[82]. Dampfer Nordamerika, Rückkehr März 1923.

---

[80]Es handelt sich um S.E. Dr.jur.h.c. Hugo Planck, Wirklicher Geheimrat und Senatspräsident am Reichsgericht, dem Bruder der Mutter von Anna Peiper, Emma Schirmer geb. Planck.

[81]Bei Hugo Schröder handelt es sich um den Sohn der bereits verstorbenen Schwester von Anna Peiper, Hildegard verh. Schröder.

[82]Herbert war längere Zeit auch in Boston bei Cushing und dann bei Oxner in Chicago, kurzfristig auch an der Mayo-Klinik

Albrechts Besuch zu Weihnachten; auch Ulrich kam mit seiner Frau auf einige Tage zu uns. Am Sylvester Besuch bei Kolbes[83].

Das Wetter war im Jahre 1922 so feucht, kühl wie noch nie.

---

[83]den Schwiegereltern von Ulrich Peiper, auf deren Gut Blesewitz bei Anklam.

1923

Herberts Aufenthalt in Amerika (Chicago, Buffalo, Boston, New York,) ist sehr lehrreich für ihn. Er kehrt etwa am 23. April zurück und besucht uns mit seiner Braut. Am 23. Juni fand die Hochzeit statt, zu der zugegen waren Anna, ich, Albrecht, Ulrich mit seiner Frau, Irma, nur Otto fehlte. Das junge Paar besuchte uns im ...

Mitte April erhielten wir die Nachricht von der schweren Erkrankung und bald am 20. April 1923 von dem Heimgang von Gertrud[84]. Sie hat nur kurz gelitten.

Ulrich entschloss sich, dass Kreisarztexamen zu machen. Er kam nach Greifswald und besuchte hier als Volontär die psychiatrische Klinik, ging dann im Oktober zum Besuch der sozial-hygienischen Akademie nach Berlin, wo er bis Dezember bei Albrecht wohnte. Schlimm für uns alle und besonders für Ulrich war die Inflationszeit, die im Herbst mit besonderer Schnelligkeit ausbrach und uns drückte[85].

Die einliegenden Kurszettel geben ein Bild von unserer wirtschaftlichen Not.

Anna und ich waren 14 Tage im August in Lubmin. Hier hatten wir auch stark unter der täglichen Preissteigerung zu leiden. Das Mittagessen kostete am 17. Aug. ,... M, zu Ende unseres Aufenthalts 250.000 M. Endlich erlöste uns die Einführung der Rentenmark.

Nach unserer Rückkehr mußte sich Anna operieren lassen, da sich eine Verhärtung an der Brust eingestellt hatte. Es handelte sich aber um nichts Böses.

Irmgard war häufig längere Zeit bei uns.

Im Vorjahr hatten wir uns einen Hund angeschafft, den wir aber im Laufe des Jahres wieder wegen seiner wilden Eigenschaften abgaben.

Zu Weihnachten Besuch von Albrecht.

---

[84]Es handelt sich um Gertrud Timm, die Schwester von Erich Peiper.
[85]Nachfolgend sind in der Chronik Zeitungsausschnitte auf mehreren Seiten eingeklebt, die die Entwicklung der Inflation wiedergeben.

Hochzeit Erika Diener und Herbert Peiper am 23. Juni 1923 in dem 1909 von Konsol Max Diener erbauten Haus Frankfurt/Main, Zeppelinallee 33

| v.l.n.r.:Albrecht | Irma | Walther | Erika | Herbert | Gerrude | Erich | Anna | Irmgard | Ulrich |
| Peiper | Peiper | Diener | P.-Diener | Peiper | Peiper | Peiper | Peiper | Peiper | Peiper |

71

1924

Zu Ostern Besuch von Albrecht und Herbert. Ulrich macht seine schriftlichen Arbeiten zum Kreisarztexamen; das mündliche macht er am 18. Oktober. Darauf vertritt er in Gollnow.

Am 16. Juni Geburt von Klaus <u>Detlev</u> Peiper zu Blesewitz, wo am 26. Oktober das Taufen ist. Im April bekam ich die Mitteilung, dass der Minister von meiner gesetzlichen Emeritierung am 1. Oktober abgesehen habe. 3 Wochen später erhielt ich diese mit recht schlichten Worten für den 1. Oktober. Anfang August, nachdem die Vorschläge für meine Nachfolge eingereicht waren, fuhren Anna und ich nach Gastein zu einer Badekur. Ende des Monats auf der Heimreise Besuch bei Herbert in Frankfurt.

Ende September erhielt ich wieder die Aufforderung mein Amt bis auf weiteres weiterzuführen. Das hinderte den Kurator nicht, mich mit Gehaltsabzügen zu quälen. Der Minister entschied zu meinen Gunsten.

Herbert und Albrecht arbeiten wissenschaftlich fleißig weiter.

Hänschen macht uns mit der Schule viel Sorgen. Er ist sehr zerstreut und arbeitet schlecht. Erich kommt gut vorwärts. Hänschen kommt auf die Bürgerschule.

Im Jahre 1924 erscheint die IV Auflage des Leitfadens für Säuglingspflege.
In Juni war das 50. Stiftungsfest der Akad. Turnerverbindung. Es wohnten bei uns Geheimrat Schmidt, Polzin und Lentz mit Frau und Töchtern. Leider war ich stark erkältet. Das Fest verlief glänzend. Viele alte Freunde waren gekommen.

Wir haben seit Frühjahr einen Deutschen Schäferhund.
Am 14. Mai Habilitation von Albrecht für das Fach der Kinderheilkunde in Berlin.

Im Sommer 50.jähriges1Stiftungsfest des ATV.

Am 18. Oktober besteht Ulrich das Kreisarztexamen.

1925

Wir feierten mit Albrecht den Beginn des neuen Jahres, während Ulrich in Altdamm später in Lübnitz auf Vertretung war. Während dieser Zeit erkrankte er und war mehrere Wochen in Blesewitz. Am 1. Juni wird er in Barmen Stadtassistenzarzt und siedelt dahin mit Klaus-Detlef und mit seiner Frau. Klaus entwickelt sich körperlich recht gut. Um Ostern bekam er einen leichten Anfall von Spasmophilie.

Inzwischen ist im Januar Betty Lentz aus Berlin auf zwei Wochen bei uns zu Besuch; sie ist die Tochter eines Freundes von mir.

Ostern kam Herbert auf einige Tage zu Besuch vor dem Chirurgenkongress. Er wiederholte seinen Besuch Pfingsten, als er in Berlin in der Neurologischen Gesellschaft einen Vortrag zu halten hatte. Ende Juli kam er mit Erika auf der Durchreise nach Gören zu uns und besuchte uns nochmals mit seiner Schwiegermutter Ende August auf der Heimreise.

Am 1. Mai trat ich definitiv in den Ruhestand. Nachfolger wurde Degkwitz aus München. Pfingsten Besuch von Meyens aus Potsdam.

Wir traten am 15. Juni eine Reise an. Nach 3wöchentlichem Aufenthalt in Gastein blieben wir noch 5 Tage in Zell am See. Netter besser als im Vorjahr, aber doch noch recht regnerisch. Über München fuhren wir nach Berlin auf 2 Tage. Hier besuchten wir unsere Freunde Meyens in Potsdam, die Pfingsten bei uns einige Tage gewesen waren.

Otto schaffte sich ein Auto an. Wir bauten am Hause eine Garage auf dem Hofe.

Als wir von unserer Reise heimkehrten, waren Inge und Gisela Bothe[86] bei uns auf unsere Einladung eingekehrt. Sie blieben 4 Wochen.

Albrecht brachte seine Ferien zuerst in Lubmin bei Fielitzens zu; er schloss daran eine Autoreise bis Freiburg.

Am 18. September fuhr ich mit Albrecht zu der Versammlung der Deutschen Gesellschaft für Kinderheilkunde, die in Karlsbad tagte. wir fahren einen Tag nach Prag, das völlig tschechisiert ist.

---

[86]Es handelt sich um die Enkeltöchter von Erichs Schwester Gertrud verh. Timm.

73

Albrecht, der sehr fleißig arbeitet, ist Berlin sehr über geworden. Er hat verschiedene Pläne vor, von denen einer wohl im nächsten Jahr zur Ausführung kommen wird.

1

Herbert bereitet sich zur Habilitation vor. Sein jetziges Arbeitsfeld ist die Myelegraphie.

Ich habe eine größere Arbeit über die Schutzpocken abgeliefert. Die Beikost ist in 5. Auflage erschienen.

Ulrich gefällt es in Barmen. Er kommt nach den Feiertagen mit Irmgard und Detlev zu uns zu Besuch.

Am 4. Dezember nachmittags wird Erika von einem kräftigen Knaben entbunden, der den Namen Hans-Jürgen Max Erich Samuel[87] erhält.

Erich jun. kommt an der Schule gut vorwärts. Er entwickelt sich auch körperlich gut. Hans bleibt noch immer unser Sorgenkind.

Albrecht kommt Weihnachten auf einige Tage zum Besuch.

Auf dem Dach haben wir im Spätherbst Schneefänger anbringen lassen.

---

[87]Prof. Dr. med. Hans-Jürgen Peiper, geb. 4.12.1925, o. Professor für Chirurgie der Universität Göttingen.

1926

Zu Silvester und Neujahr hatten wir auch den Besuch von Albrecht, der aus Charité nach Steglitz verzogen ist.

Ostern war Herbert von dem Chirurgenkongress bei uns. Zuvor, am 21. Febr. fand die Taufe von Hans-Jürgen Max Erich Samuel in Frankfurt statt. Paten waren Frau Diener, Walter Diener, der z.Zt. in Mexiko ist und ich. Auf der Hinreise besuchten wir Max Schirmer in Salzschlürf und verlebten dort einige nette Tage. Herberts Habilitation am 11.3.26. Von Frankfurt aus fuhren wir über Marburg, wo wir einen Tag bei Edmund Stengel[88] waren und dann nach Göttingen zu Frau Gerike, wo wir 2 Tage blieben. Auf der Rückreise besuchten wir Albrecht.

Austritt aus der Privatklinik, die Hoffmann im Mai allein übernimmt.

Am 19. Mai feierte ich meinen 70. Geburtstag. Zu Besuch waren gekommen: Albrecht, Herbert mit Frau (Herbert hatte sich im April habilitiert), Ulrich mit Frau und Klaus-Detlef. Am Morgen waren schon einige Gratulanten neben zahlreichen Briefen, Depeschen (Blumen in reichlicher Zahl) erschienen. Um 11 1/2 kam die großen Gratulationskur: Rektor, Fakultät mit Damen, Magistrat, der mir mitteilte, daß ich zum Ehrenbürger der Stadt Greifswald ernannt sei, die Studentenschaft, die Medizinerschaft, A.T.V.[89], Turnverein, Klub, Landrat im Auftrag des Zweckverbandes zur Errichtung von Wohlfahrtseinrichtungen , viele Freunde und Bekannte mit ihren Frauen. Das festlich geschmückte Haus glich einem Blumengarten. Der Oberpräsident, wie der Regierungspräsident ließen Schreiben überreichen. Der Tag verlief in schöner Harmonie. Mittags vereinigten wir uns mit unseren Kindern, Kolbes aus Blesewitz und Else Schröder zu einer fröhlich verlaufenden Mahlzeit.

Am 5. Juni reisten wir nach Gastein, von da nach Berchtesgaden, wo wir noch einige Tage verbrachten. Am.... August kam Albrecht, bald auch Herbert mit Frau, letztere auf der Durchreise nach Schweden, zu uns. Im September waren Otto-Irma auf einer längeren Autoreise. - Geburt von Leonore Anna Kathrin, Barmen 26.9.1926, Tochter von Ulrich und Irmgard.

Im Herbst Abputz der Hinterseite des Hauses.

---

[88]Die Verwandtschaft mit Stengels wird in Anhang 2 dargestellt.
[89]Akademischer Turner-Verein.

Am 24. Okt. feierliche Überreichung der Ehrenbürgerurkunde durch den Magistrat und die Bürgerschaft. Die Vertreter: Rulsherz (?), Schmidt, Wölfels, Prof. Luther und Rechtsanwalt Sartory nahmen ein Frühstück ein, zu dem wir den Rektor, Dekan, Landgerichtspräsidenten von Schickfuss, Geheimrat Grawitz und Hoffmann eingeladen hatten.

Am 16. Okt. kam Albrecht zur Vertretung von Degkwitz, der eine Amerikareise macht, zu uns.

Professor Ryherr (?) aus Berlin besuchen uns im November. Während des Winters wohnt eingeladen bei uns Frl. Schütze.

Einnahmen: 13.914,24 M
Ausgaben: 11.690,35 M

Zum 19. Mai 1926
Dem, der im Maimond 70. wird, dem singt im blauen Flieder
zum Feiergruß die Nachtigall die allerschönsten Lieder.

Und wer im Maimond 70 wird, bleibt jung in 100 Lenzen,
weil ihn an jedem Jahrestag die Frühlingswunder kränzen.

Und grüßt Dich heut Erinnerung, so grüßt Dich auch das Leben
das pulst in Deiner Liebsten Blick, die jubelnd Dich umgeben.

Noch lange sei der heutige Tag im Lenzesschmuck Dein eigen,
wo Dir zum Gruß Maiglöckchenduft und Nachtigall sich neigen.

Emma Medem

Geheimrat Prof. Dr. med.
Erich Peiper
* 1856   † 1938

Anna Peiper
geb. Schirmer
* 1867   † 1955

1927

Den Beginn des neuen Jahres feiern wir mit Albrecht, der bis 1. Mai bei uns bleibt, um dann wieder nach Berlin-Steglitz überzusiedeln. Albrecht stellt in der Zeit eine größere Arbeit fertig. Besuch von Albrecht im August und zu seinem Geburtstag. Auch zum Weihnachtsfest kommt er herüber.

Herbert besucht uns mit Erika zum Osterfest, Herbert allein im August. Er machte von hier aus eine Segeltour nach Schweden. Hans-Jürgen entwickelt sich gut. Am 7. Oktober Geburt von Birgit Anna Gertrude Mathilde. Leider erkrankte in der Folge Erika. Sie mußte schließlich eine Operation durchmachen, ist aber am Weihnachtsfest wieder zu Hause.

Ulrich besuchte uns im Juli. Zum Teil brachte er seine Ferien in Lubmin zu, wo er unter eigener Lebensgefahr einen Kaufmann am 26. Juli vom Tode des Ertrinkens rettete. Rettungsmedaille am Bande. Leider erkrankte Claus-Detlev im August in Blesewitz unter stürmischen Darmerscheinungen, die sich mit Krämpfen verbanden. Er war in dieser Zeit bei uns. Leonore wurde am 5.6.27 in Barmen getauft. Anna Pate.

Irma und Otto machen im Juli/August eine Reise nach der Schweiz. Erich eine Reise nach Tirol. Hänschen war in Lubmin.

Teilung der Papiere durch Aron[90] . Wir überweisen auch die Zinsen den Kindern.

Wir selbst reisen am 1. Juni - 1. Juli wieder nach Gastein (Hotel Zum Hirschen) und besuchen auf der Hinreise Mittenwald und Innsbruck. Unsere alte Ricke geht am 7. März heim. Sie ist beerdigt auf dem neuen Friedhof, Abt. 32, 12. Reihe, 4. Grab. Es wird ihr ein Holzkreuz gesetzt.

In diesem Jahre erschien von mir die Klinik der Schutzpocken im Handbuch der Pocken; "Wie erhalte ich mein Kind gesund" 100 - 120 000. Im April kamen aus dem Druck die Ahnentafel von Hans-Jürgen. Die weiteren Verwandten beteiligen sich nicht.

---

[90]Das Bankhaus Aron in Greifswald verwaltete das Wertpapiervermögen von Erich und Anna Peiper.

Im Vorjahr (1926) wurde die Hinterwand des Hauses abgeputzt. In diesem Jahre wurden alle Fenster gestrichen.

Wiederholt hatte Anna im Knie Schwellungen, ich selbst litt an einer Supraorbitalneuralgie und Cardialgrem (?).

Am 13. Oktober Ziviltrauung von Lisi Tereszkiewicz[91] mit Wilhelm Wille.

Kleines Festmahl; zu der Trauung war auch Helene Riemer aus Wittenberg gekommen. Am 20. Dezember erfolgte in Wittenberg die kirchliche Trauung, zu der Anna hinreiste und mit Grippe heimkam.

Dr. Kaufmann, Freund von Albrecht, besuchte Albrecht in den Sommerferien bei uns.

Wiederwahl als stellv. Mitglied zur Ärztekammer. Am 25. November kam Ottos Schwester, Frau Dr. Glücksmann-Peiper, an schwerer Arthritis leidend, nach Greifswald. Sie wohnte bei uns und wird von Irma rührend gepflegt.

Einnahmen	14.832 M
Ausgaben	9.618 M

---

[91]Es handelt sich um Eiisabeth Tereszkiewicz, die Tochter von Anna Peipers Schwester Elisabeth Schirmer verh. Tereszkiewicz

1928

Neujahrsfest feierten wir mit Albrecht. Gertrud Peiper-Glücksmann geht es besser; sie kehrt im April nach Berlin zurück.

Albrecht war Ostern in Helgoland und kam auf der Rückfahrt einige Tage zu uns, wo er mit Herbert bei uns zusammentraf. Auch Ulrich besuchte uns auf einer Dienstreise nach Mecklenburg im Frühjahr.

Im Sommersemester war Inge Bothe[92], die hier Naturwissenschaften studierte, als Gast bei uns. wir lernten mit ihr das Frauenstudium kennen.

Am 31. Mai fuhren wir wieder nach Gastein, wo wir mit Gertrude Diener[93] schöne Wochen verlebten. Von hier aus fuhren wir nach Lofer und über Berchtesgaden nach Hause.

Bald nach unserer Heimkehr besuchen uns Ulrich, Irmgard und die Kinder, letztere nur Tage lang. Auch Erika kam auf der Durchreise nach Göhren mit den Kindern zu uns. Herbert, Erika und die Kinder kommen dann auf der Rückreise zu uns. wir freuen uns sehr über das Gedeihen der Enkel.
Albrecht blieb den größten Teil der Ferien bei uns.

Otto und Irmas Reise verschob sich bis in den September, da Otto der verunreinigten Wasserleitung wegen, erst um diese Zeit reisen konnte[94]. Erich und Hans waren in dieser Zeit bei uns. Sie hatten eine Ferienfahrt nach Neumark in der Steiermark mit dem Gymnasium in den großen Ferien gemacht.

Nach Rückkehr von Otto und Irma fahren wir einige Tage nach Steglitz zu Albrecht. Dann verlebten wir den Winter still und behaglich. Weihnachten kam Albrecht wieder zu uns.

Einnahmen	15.516 M
Ausgaben	10.200 M

---

[92]Es handelt sich um Ingeborg Bothe, später verh. Heim, die Enkeltochter von Gertrud Peiper, der Schwester von Erich.
[93]Gertrude Diener ist die Schwiegermutter von Herbert Peiper.
[94]Otto, der Schwiegersohn von Erich und Anna, war bekanntlich Kreisarzt in Greifswald und hatte sich offensichtlich mit verunreinigten Wasserleitungen zu beschäftigen.

1929

Auch den Beginn dieses neuen Jahres feierten wir mit Albrecht. Nach Weihnachten hatte das bisher wieder lind gewordene Wetter einen Umschlag erfahren; es folgte ein sehr strenger Winter[95].

Anfang März besuchte uns Albrecht. Bald erkrankten wir an der Grippe, die uns ordentlich mitnahm, so daß wir unsere geplante Reise nach Barmen, Frankfurt, Wiesbaden, Salzschlirf aufgeben mussten. Anfang April besuchten uns Herbert und Erika, auch Albrecht besuchte uns Ostern. Sein Buch über die Hirntätigkeit des Säuglings wurde ins Russische übersetzt.

Im Frühjahr wurde die kleine Schrift: „Wie erhalte ich mein Kinde gesund?" wieder herausgegeben.

Im Juni Reise mit Frau Diener nach Bad Aussee und Admont, wo es uns ausnehmend gut gefiel.

Zurückgekehrt kam Gisela Bothe[96] auf einige Wochen zum Besuch. Bald folgten Ulrich mit Familie, Erika, die mit den Kindern nach Göhren reiste, dann Herbert. Er und Erika fuhren nach Nordschweden.

Inzwischen hatte sich am 28.Juli Albrecht mit Herta Vieth aus Dülken verlobt, die wir bald bei uns begrüßen konnten. Sie war bisher Fürsorgerin in Frankfurt an der Oder und gab ihre Stellung kurz vor der Hochzeit auf. Letztere fand am 23. Oktober, Albrechts 40. Geburtstag, statt. Wir fuhren nach Dülken mit Irma. Auch Eriberts[97] waren auf der Hochzeit, während Ulrich und Irmgard nicht teilnahmen, da sie am 1. Oktober nach Bütow in Pommern versetzt waren.

Hans und Erich waren mit der Schule in Neuberg im östlichen Salzkammergut. Erich zog sich eine beträchtliche Verletzung seines Armes zu, aus dem nach seiner Rückkehr ein 7 cm langer, 1,2 cm breiter Glasstreifen entfernt wurde. Am .. Irma hatte sich einer kleinen Operation unterziehen müssen.

Otto und Irma reisten auf 4 Wochen nach der Schweiz. Nach seiner Rückkehr bezog Otto ein Arztzimmer auf der Martin-Luther-Straße im Stenzhause.

---

[95]Der Hinter 1929 war einer der kältesten Winter dieses Jahrhunderts, bei dem der Rhein auf seiner ganzen Strecke zufror.

[96]Ebenfalls eine Enkeltochter von Gertrud Peiper verh. Timm.

[97]Eribert ist eine Abkürzung für Erika und Herbert Peiper.

Im Oktober besuchten uns Riemers[98] aus Wittenberg, die wir auf unserer Rückreise aus Österreich einen Tag in Wittenberg besucht hatte.

Weihnachten besuchten uns Albrecht und Herta, ihnen folgten Ulrich, Irmgard und die Kinder. Mit ihnen verlebten wir das neue Jahr bei Ottos.

		Durchschnitt täglich	
Einnahmen	14.522 M	Einnahmen	39,80 M
Ausgaben	13.712 M	Ausgaben	37,50 M

---

[98]Es handelt sich um Helene Riemer geb, Tereszkiewicz, die Tochter von Anna Peipers Schwester Elisabeth Tereszkiewicz geb. Schirmer.

1930

Neujahr verlebten wir mit Ulrich und Familie, die uns am 2. Jan. morgens verließen (Auto). Im Februar besuchte uns Johannes Ruppert[99] auf einige Tage. Leider erkrankte er bald darauf an einem Schlaganfall, als er in Lugano zur Erholung weilte. Es geht ihm am Jahresschluss wesentlich besser.

Hans, unser Enkel, absolvierte die Mittelschule und ging dann Ostern nach Schwarzburg auf das Pädagodium zu Dr. ..; er wurde dort Obersekundaner. Erich kam Ostern nach Oberprima.

Am . Februar folgte die Ernennung von Albrecht zum n.b.a.o. Professor (Nichtbeamteter Ausserordentlicher) an der Berliner Fakultät. Ostern waren Albrecht und Herta bei uns; besuchen uns Ulrich und Irmgard aus Bütow. Unser guter Hund erkrankte und ging am 12.6. ein, als wir in Reinerz waren. Hier waren wir über Berlin (Besuch von Albrechts in ihrer neuen Wohnung Ludwig Kirchplatz 11 I.) über Hirschberg (Besuch der Gräber und von Herbert und Albert Timm, wie Alice) Glatz nach Reinerz gefahren Der Aufenthalt dort bekam uns gut. Auf der Rückreise besuchten wir Bothes[100] in Liegnitz und Hans Schirmer in Grünberg. Am 1. Juli waren wir wieder zu Haus.

Es folgten im Juli die Besuche von Ulrichs, die in Lubmin ihren Sommeraufenthalt genommen hatten; dann kamen zu einem kurzen Besuch Martin Riemer aus Wittenberg, Geheimrat Lentz und Mitte August Albrecht und Herta.

Herberts waren mit Frau Diener in Zinnowitz. Von hier aus besuchten sie uns auf der Rückreise. Wir hatten viel Freude an unseren Enkelkindern. Zu diesen gesellte sich am 18. November in Berlin: Annemarie Clara Irma Peiper. Getauft wurde sie am 27. Dezember. wir waren dort zum Taufen. Als Paten fungierten: Olga Vieth, ich, Irma, Margarethe Peiper und Frau Clara Vieth, Frau Emmy von Ziegler, Berlin, ? von Ziegler eine Base von Otto, letztere vertrat bei der Taufe Irma.
Am 28. Dezember tauften wir Reinhard Hille, den Sohn von Lisi Tereszkiewicz verehel. Hille. Lisi war im Mai einige Wochen bei uns zu Besuch gewesen.

---

[99]Dr.med. Johannes Ruppert, ältester Sohn von Benno Ruppert und Martha Peiper, der Schwester von Erich.
[100]Otto und Bianca Bothe, letztere Tochter von Joh. Timm und Gertrud Peiper, der Schwester von Erich.

Am 11. August wurde zu unserer Freude auch Herbert zum n.b.a.o. Professor in Frankfurt a.M. ernannt.

Bald erwarten wir in Frankfurt die Geburt unseres 8. Enkels.

Einnahmen   15.183 M
Ausgaben   10.628 M

1931

Im Februar hatten wir die Freude Ulrich, der auf einen Tuberkulosekursus in Hohenkrug einige Tage, ebenso Anfang März bei uns zu sehen. Erich machte am ... sein Abiturientenexamen und entschloss sich zunächst in Greifswald Medizin zu studieren. Er trat in die Akademische Turnerverbindung ein.

Albrechts besuchten uns mit Annemarie im März. Herbert kam von dem Chirurgenkongress auf einige Tage zu uns.

Am 19. Mai, zu meinem 75. Geburtstage waren erschienen außer Irma, Otto, Erich jun., Hans: Albrecht, Herbert, Ulrich mit Frau Irmgard mit Detlev und Leonore. Rektor und Senat überreichten eine wundervolle Blumenstende, ebenso die Stadt Greifswald. Die Fakultät unter Überreichung eines Silberbechers mit folgender Inschrift:[101]. Außerdem waren verschiedene Depotationen und Vertreter von Vereinigungen erschienen, die mir ihre Glückwünsche mit Blumenkörben überreichten. Zahlreiche Freunde und Bekannte waren erschienen. Es war ein schönes Fest.

Im Juni waren wir 4 Wochen in Reinerz und Berlin. Schon nahte mein goldenes Doktorjubiläum am 8. August. Alle Kinder und Enkelkinder waren herbeigeeilt: Ottos, Albrechts, Ulrichs mit Kindern, Herbert und Erika, nur die Kleinen drei Frankfurter fehlten. Wir hatten den Tag geheim gehalten, so daß zumal auch schon Universitätsferien waren, die Zahl der Gratulanten ein wesentlich geringere war, wir verlebten den Tag gesund und munter in der Familie.

Die Fakultät und der Senat und Rektor (Prof. Hoehne) erfreuten mich durch Blumen und die Erneuerung des Doktordiploms; der Wohlfahrtsminister die "Staatsmedaille für Verdienste um die Volksgesundheit in Silber", die Stadt und andere Kooperationen durch Glückwunschschreiben.

Albrechts fuhren von hier zu den Eltern nach Dülken. Herbert war den Rest seiner Ferien auf Rügen (Göhren), Ulrichs fuhren nach Bütow zurück. Im Juli waren Ulrichs am Gardasee gewesen. Die plötzlich eintretende Geldnot und die dabei verbundene wirtschaftliche Unsicherheit, zwangen sie zu eiliger Rückkehr.

---

[101]Die Inschrift ist in der Chronik nicht aufgeführt. Sie sollte jedoch jetzt hier eingesetzt werden.

Otto und Irma waren in Mittenwald; Erich machte eine Fahrt nach Schweden und Kopenhagen mit einem Segelboot des ATV. Im Wintersemester studierte er in Freiburg, Hans ist in Unterprima in Schwarzburg.

Ende September besuchte uns sehr kurz Ulrich. Herberts Kinder, wie die übrigen Enkel, entwickeln sich körperlich und geistig zu unserer Zufriedenheit.

Weihnachten verlebten wir leidlich gesund, gedrückt durch die Außen- und innenpolitischen Verhältnisse mit dem Unterhaus. Am 1. Feiertag kamen Albrechts mit Annemarie zu Besuch.

Möchten alle die Wünsche, die wir für unsere Kinder und Kindeskinder hegen, wenn auch nur zum Teil, in Erfüllung gehen, dann wären wir zufrieden.

| Einnahmen | 14.434 M |
| Ausgaben | I0 716 M |

Ausschnitte aus der Greifswalder Zeitung vom 10. August 1931

Goldenes Doktorjubiläum

Am Sonnabend feierte der frühere langjährige Direktor der Greifswalder Universitätsklinik Geheimer Medizinalrat Dr. Erich Peiper sein goldenes Doktorjubiläum. Der Jubilar, der am 19. Mai 1856 in Kloster Leubus, Kr. Wohlau geboren ist, hat sich fast vier Jahrzehnte hindurch in unermüdlicher, tatkräftiger Arbeit erfolgreich um die Bekämpfung der Säuglingssterblichkeit im Stadt- und Landkreise Greifswald bemüht, und sich um die Förderung der Gesundheitspflege große Verdienste erworben. Ihm ist es auch zu verdanken, daß die Universitäts-Kinderklinik in einem neu errichteten Gebäude an der Soldtmannstraße untergebracht und modern eingerichtet wurde. Von 1892 -1906 gehörte der Jubilar auch dem Bürgerschaftlichen Kollegium an. Die Stadt Greifswald ehrte die Verdienste des geschätzten Mitbürgers aus Anlass seines 70. Geburtstages im Jahre 1926 durch die Verleihung des Ehrenbürgerrechts.

Wir nahmen bereits anlässlich des 75. Geburtstages des Jubilars am 19. Mai d.J. gerne Gelegenheit, die Verdienste des Gelehrten besonders zu würdigen. Die Glückwünsche von Rektor und Senat sowie der Medizinischen Fakultät der Universität zu Greifswald überbrachten der Prorektor Professor Dr. Hoehne und Professor Dr. Dresel unter Erneuerung des Doktorbriefes.

Die Preußische Staatsregierung verlieh dem Jubilar die Staatsmedaille "Für Verdienste um die Volksgesundheit" in Silber, die in Vertretung des dienstlich im letzten Augenblick verhinderten Regierungspräsidenten zu Stralsund durch den Regierungs- und Medizinalrat Professor Dr. Walter-Stralsund überreicht wurde. Auch der Herr Preußische Minister für Wissenschaft, Kunst und Volksbildung übersandte dem Jubilar seine Glückwünsche.

1932

Den Beginn des neuen Jahres verlebten wir mit Albrechts und dem Unterhaus.

Auch Pfingsten kamen Albrechts wie im August. Die kleine Annemarie entwickelt sich sehr nett. Sie ist allerdings im Sprechen noch etwas zurück. Albrecht und wir mit ihm hatten wegen der Besetzung des Greifswalder paeditriatischen Lehrstuhles eine schwere Enttäuschung. Mama und ich feierten in Berlin seinen Geburtstag.

Mitte Juli kam Erika mit Hans-Jürgen auf der Durchreise zu uns. Bald folgte Herbert mit Birgit; wir besuchten die Kinder in Göhren, leider nur ganz wenige Tage. Ulf blieb in Frankfurt zurück, er wird im Herbst getauft.

Ulrichs aus Bütow besuchten uns Ostern; Ulrich kam im August und später nochmals zu einem kurzen Besuche.

Hans ist auf der Oberschule in Franzburg; er kommt oft Sonntags herüber. Hoffentlich erreicht er sein Ziel. Erich studierte im Sommer hier; im August machte er mit der "Swantewik" einer Jacht des A.T.V. eine Segeltour nach Dänemark. Im Oktober absolvierte er das Vorphysicum.

Ottos waren im Sommer in Lofer.

Alle Kinder und Kindeskinder sind in diesem Jahre vor ernsterer Krankheit verschont geblieben. Anna und ich blieben zu Hause; ich speziell hatte keine besondere Lust zu reisen, obwohl es für Anna recht gut gewesen wäre.

Hoffen wir, dass das neue Jahr uns weiterhin Gesundheit schenkt und die politischen Verhältnisse besser werden. Albrecht kam am 30. Dezember allein zu Besuch.

| Einnahmen | 12.885 M |
| Ausgaben | 10.216 M_ |

Leider hatte ich im näheren Bekanntenkreis schwere Verluste erlitten: Es starben Grawitz, Hugo Schulz, Hoehne, Pastor v. Winterfeld. Am 15.Okt. starb plötzlich Martin Riemer, Direktor des Augustinums in Wittenberg.

Am 29. Okt. Taufe (Deutsch ref. Gemeinde von <u>Ulf</u> Herbert Rudolf George Samuel Peiper.[102]

Unsere Zimmerverlegung, Verzug nach der Baustraße, die wir schon im Herbst 1933 vorgenommen hatten, bewährt sich[103].

Nach Vereinbarung mit der Familie Otto Schirmer haben wir für die Pflege der Gräber auf dem neuen Friedhof das alte Sparbuch im Laufe des Jahres aufgefüllt. Auch Lisi und Lene geb. Tereszkiewicz beteiligten sich. Siehe Näheres vorwärts. Auch die Hirschberger-Gräberkasse habe ich von mir aufgefüllt. Ich sehe hoffnungsvoll dem neuen Jahr entgegen[104].

Die Grabstätten auf dem Kommunalfriedhof in Hirschberg von <u>George und Sidonie Peiper</u>

Nach dem Ableben von Mutter Sidonie Peiper boten die Erben der Stadt Hirschberg im Jahre 1906 auf Wunsch der Entschlafenen ein Kapital von 300 M zur Fundierung der Gräber an. Da dies von der Stadt Hirschberg abgelehnt wurde, stifteten die Erben Gertrud Timm, Erich Peiper, Joh. und Erich Ruppert 300 M auf ein Sparkassenbuch des Landkreises Greifswald für diesen Zweck. Durch Zins und Zinseszins erreichten die Einlagen vor der Inflation 500 - 600 M. Nach der Inflation verblieben ca. 120 M.

Im Jahre 1933 richtete Erich Peiper mit diesem Betrag ein neues Sparkassenbuch ein, Nr. 14.260 Kreissparkasse Greifswald, das durch seine Zuzahlungen Ende des Jahres 1933 = 435,95 M betrug. Die Einlagen sind nur jährlich kündbar.

---

[102]Nunmehr verschlechtert sich die Handschrift von Erich Peiper in den Eintragungen der Chronik wesentlich. Die Verschlechterung der Schrift ist auf eine Netzhautablösung an der Erich Peiper in zunehmendem Maße litt, zurückzuführen. Die Eintragungen auf den nächsten Seiten bis zum Jahre 1933 sind in der Handschrift von Anna Peiper, während mit dem Jahre 1934 die Eintragungen wieder von Erich Peiper vorgenommen werden. Die Verschlechterung der Handschrift von Erich Peiper bringt es mit sich, daß manche Worte unleserlich sind, sie werden ausgelassen.

[103]Die Baustraße begrenzte das Grundstück an der Seite des Hauses Bahnhofstraße 52 und ist ruhiger. Hier hatte Erich sein Arbeitszimmer, hier befand sich auch das Schlafzimmer.

[104]Die nachfolgende Eintragung ist in der Handschrift von Anna Peiper über die Familiengräber erfolgt.

Durch Zins und Zinseszins soll sich das Kapital auf 500 M erhöhen. so daß unseren Nachkommen die Zinsen dieses Kapitals für die Erhaltung der Hirschberger Gräber zur Verfügung stehen.

Greifswald, den 20.12.1933
Anna Peiper
Erich Peiper

Im Januar 1938 wurde dieser Sparbuchbetrag in Höhe von 640 M auf die Stadtsparkasse aufs Sparbuch 2459 eingezahlt.
Anna Peiper

Grabpflege der Schirmerschen Gräber auf dem neuen Friedhof in Greifswald

Nach dem Heimgange der Eltern wurde die Grabpflege auf dem neuen Friedhof von den noch eingehenden Kollegiumsgeldern unseres Vaters bestritten.

Bei Ottos Berufung nach Kiel beschlossen wir Geschwister, Otto, Anna, Hildegard, Max und Otto, als Vormund von Elses Kindern, die noch außenstehenden Kollegiengelder vom Vater Rudolf Schirmer, auf ein Sparkassenbuch der Greifswalder Stadtsparkasse, überweisen zu lassen. Es sollte hiermit ein Grundstock für die Erhaltung der Gräber geschaffen werden.

Der Sparkassenbetrag war vor der Inflation auf 1.215 M gestiegen, nach der Inflation betrug der Bestand Ende 1933 255,47 M.

Seit der Inflation haben wir, Anna und ich, die gesamte Grabpflege unterhalten, bis auf Elses Grab, für das ihre Kinder eintraten. Z.Zt. ruhen hier Rudolf und Emma Schirmer, ihre Kinder Bruno, Susanne, Hugo, sowie Else Tereszkiewiçz, später erfolgte die Beisetzung der Urnen von Otto und seiner Tochter Litta Schirmer.

Der Rückkauf der Grabstätte hat nach einer Mitteilung der Stadtverwaltung im Jahre 1959 zu erfolgen. Im Einklang mit den Verwandten, soll für die Zukunft eine Sicherung der Grabpflege erfolgen.

19.1.1934

Die Grabstätte befindet sich Abt. 11 Nr. 6. Laut Rechnung der Stadtverwaltung wird angegeben, 11 Nr. 157/62.
Die Pflegekosten, z.Zt. 17 M zahlbar bisher im November, hat der zeitige Verwalter der Grabpflege sich in den ersten Tagen des folgenden Januar von dem Zinsertrag des Kapitals abzuheben, auf der Greifswalder Stadtsparkasse.

Im Laufe des Jahres 1934 gingen ein für das Sparbuch 30008 nachstehende Gelder:

11.01.34	Erich u. Anna Peiper	20,-- M
05.06.34	Erich u. Anna Peiper	130,-- M
18.05.34	Otti Koch Schirmer 1. Rate	15,-- M
20.04.34	Strübing, Stettin	33,-- M
05.06.34	Helene Riemer, geb. Tereszkiewicz	30,-- M
06.06.34	Lisi Wille, geb. Tereszkiewicz	30,-- M
28.06.34	Hanna Kitsch	10,-- M
18.07.34	Otti Schirmer-Koch 2. Rate	15,-- M
31.08.34	von Schoch (Schirmer)	70,-- M

Bei der Verwaltung ist möglichst im Einklang mit den beteiligten Verwandten zu handeln[105].

---

[105] Es müßte einmal festgestellt werden, was eigentlich aus den Schirmerschen Gräber geworden ist. Bestehen sie noch? Außerdem müßte auch noch die Grabstätte von Ferdinand Schirmer und seinen Frauen vorhanden sein. Ich weiß aus meiner Jugend, dass auch ein Grab von Susanne Voigt geb. von Löwenich und zwar an der Friedhofsmauer, und zwar mit einem Stein und einem Metallkreuz, vorhanden war.

1933

Das neue Jahr steht unter den Vorbereitungen gewaltiger politischer Umwälzungen, die zur Gründung des 3. Deutschen Reiches führen. Im November trat ich dem Stahlhelm bei.

Am 25. März Geburt von Albrechts Sohn Ulrich, Erich, Theo, Samuel. Taufe am 1. Juli. Paten: Großmutter Anna, Großvater Vieth, Otto Peiper, Frieda Peiper, Herbert Jantzen, Marie Kiesendahl, Ulrich Peiper.

Ostern besuchten uns Albrecht und Herbert aus Bütow kamen Irmgard und Detlev zu kurzem Besuch. Im Juli kamen dann Erika mit den drei Kindern, später Herbert und danr Ulrich mit Familie. Wir waren im August neun Tage mit Herberts und Ulrichs in Göhren auf Rügen, zusammen. Nach unserer Heimkehr war Albrecht einige Tage bei uns.

Im August fuhren Otto und Irma auf einige Wochen nach Obersdorf. Erich bestand im Juli das Physikum und geht zum Wintersemester nach Freiburg.

Am 6. Nov. verlieren wir unseren treuen Freund Egon Hoffmann an schwerem Herzleiden.

Eine Blutung auf der Retina setzt die Sehkraft von Erich sehr herab. Am 30. Dezember Besuch von Albrecht mit den beiden Kindern, an denen wir viel Freude haben und Olga Vieth.

Einnahmen	12.453 M
Ausgaben	8.794 M
Steuern	2.290 M[106]

---

[106] Diese Eintragung für das Jahr 1933 erfolgte durch Anna Peiper, offenbar wegen des vorbeschriebenen Augenleidens von Erich. Die Eintragungen für 1934 sind wieder in der Handschrift von Erich.

1934

Silvester und Neujahr feierten wir zusammen mit Albrecht, Herta, den beiden Kindern und dem Unterhaus, in Gesundheit. Bald nach ihrer Rückkehr nach Berlin erhielt Albrecht vom Minister den Auftrag, den erkrankten Direktor der Bonner Universitäs-Kinderklinik zu vertreten. Nach dreimonatlicher Vertretung hatte er zweifellos Aussicht, das dortige Ordinariat nach dem Tode von Gött, zu erhalten, zog es aber vor, das Sichere zu nehmen, nämlich die Stelle als Chefarzt der Barmer Kinderkrankenhäuser.

Dort besuchen wir ihn bereits vom 15. - 27. September und fuhren von da auf 3 Tage nach Berlin Charlottenburg, wo Herbert ebenfalls am 1. April die Stelle des 2. Direktors des chirurgischen Krankenhauses Westend erhalten hatte[107].

Zu unserer großen Freude erhielt Ulrich am 1. September die umfangreiche Kreisarztstelle in Oppeln/Oberschlesien. Die drei Söhne fühlen sich wohl in ihrem arbeitsreichen Wirkungskreise. Auch Otto hat sehr reichlich zu tun.

Erich war im Sommer wieder in Freiburg im Breisgau, von wo er im Wintersemester nach Greifswald zurückkehrte. Hans ist noch in Franzburg. Auch die anderen 7 Enkelkinder entwickeln sich zu unserer Freude. Lörchen besuchte uns kurz von Blesewitz aus im Sommer. Ulrich und Irmgard waren kurz vor ihrer Übersiedlung nach Oppeln bei uns. Eine große Freude war uns der überraschende Besuch von Herbert und Ulrich zu meinem Geburtstage. Hans-Jürgen und Birgit waren Anfang Oktober zum Besuch im Unterhaus; ihnen folgte auf 4 Wochen Ulf, der ein besonders lebhaftes Kind ist. Frau Diener besuchte uns auch[108].

Im Januar große Reparaturen im Hause.
Frau Grawitz, die mir im Laufe des Winters alltäglich die Zeitungen vorlas, verzieht im Mai nach Cordoba in Argentinien[109].

---

[107] Die Eintragung über die neue Position von Herbert Peiper ist nicht ganz richtig. Herbert Peiper erhielt die Stelle des Direktors der 2. Chirurgischen Klinik des Krankenhauses Westend und bald darauf der 1. und 2. Chirurgischen Klinik.

[108] Während einer Erkrankung von Erika Peiper war Ulf einen Monat in Greifswald, er hat aus dieser Zeit besonders deutliche Erinnerungen an seinen Großvater. Seine Großmutter, Gertrude Diener holte ihn sodann ab.

[109] Der Sohn von Frau Grawitz, Professor Grawitz jun., lehrte an der Universität in Cordoba.

Anna hat daher auch diese Aufgabe, neben tausend anderen persönlichen Mühen übernommen. Meine Augen werden nicht besser, doch muss ich zufrieden sein, mit dem was ich noch sehen kann. Anna und ich erfreuen uns sonst leidlicher Gesundheit. Im Jahre 1933 bin ich in den Stahlhelm eingetreten und später der SA-Reserve zugeteilt.

Einnahmen   12.894 M
Ausgaben   10.199 M

1935

Als erster Besuch kam Albrecht und Herta vom 7. - 28. Januar. Wir verlebten schöne Tage mit ihnen. Die Barmer Kinder entwickeln sich weiter zur Freude ihrer Eltern. Im Februar hatten wir mit Otto und Irma den Schmerz, daß Hans sein Schulziel nicht erreichte. Hans blieb dann in Franzburg. Im März besuchten uns Herbert und Ulrich auf einige Tage; ebenso zu Ostern Herbert und Erika. Unsere geplante Reise nach Oppeln im Frühjahr kam nicht zur Ausführung.

Im Juni waren wir 10 Tage in Göhren, wo wir mit Herberts und Ulrichs Familien schöne Tage verlebten. Wir hatten viel Freude an den Kindern. Herberts kamen mit ihrem Auto wiederholt mit den Kindern auf Wochenende zu uns zum Besuch.

Leider erfolgte Ende November eine Erkrankung Erikas an einer Bauchfellentzündung, von der sie sich langsam am Jahresende erholt.

Otto und Irma verreisten im August zu einem 4wöchentlichen Aufenthalt nach (ein Wort unleserlich) und Bozen. Albrechts machten eine große Wanderung durchs Sauerland.

Im April kam Ruth Schirmer[110] aus Kassel zu uns, um hier 1 Jahr Säuglingspflege zu lernen. Ihre Mutter begleitete sie. Wir hatten die Freude im November Schwager Max und Margarete und Harro auf einen 27stündigen Besuch bei uns begrüßen zu können. Wir haben wir uns-mit Ruth eingelebt und freuen uns, Max helfen zu können.

Uns Beiden geht es gesundheitlich leidlich. Wir haben viel Grund dankbar zu sein.

Frau Geheimrat Grawitz, die im Mai aus Cordoba von ihrem Besuch heimkehrte, kommt weiter treulich zum täglichen Vorlesen der Zeitungen.

Silvester verleben wir in Zweisamkeit, da das Unterhaus in Prenzlau ist.

---

[110] Anm.U.P.: Es handelt sich um die älteste Tochter von Max Schirmer, dem Bruder von Anna, Ruth, später verehel. Feichtmeier.

1936

Das erste hervorragende Ereignis war der Besuch von Albrecht und Herta mit Annemarie, die im Februar 3 Wochen bei uns waren. Albrecht ist zufrieden mit seiner Tätigkeit und Stellung in Barmen. Die Kleine macht uns viel Freude.

Am 25. Februar wurde in aller Stille die Silberhochzeit von Otto und Irma gefeiert. Die größte Freude war uns allen, daß Hans sein Abitur am 3. März in Franzburg bestand.

Erika, die schon seit November nicht ganz munter war, ging im März auf 4 Wochen nach Cortina.

Heimlichkeiten aller Art ließen darauf schließen, daß mein 80. Geburtstag besonders feierlich begangen werden sollte. Und so war es. Ein seltenes Fest, das ich mit Anna und allen unseren Kindern, Schwiegerkindern, wie von den Enkeln: Erich, Hans-Jürgen, Birgit und Lörchen feiern konnte. Eine große Freude war der uns sehr überraschende Besuch von Erich Ruppert aus Glatz, der die weite Reise eigens um hier mit zu sein, gemacht hatte[111].

Die Feier am Morgen in der Familie wurde eingeleitet mit dem Choral "Lobe den Herrn", dann sprachen Gitti und Lörchen ihre Gedichte. Dann folgte ein Flötenspiel von Hans-Jürgen, zum Schluß ertönte: "Die Himmel rühmen des Ewigen Ehre". Zahlreich waren die Gratulanten, die sich bald einstellten. Ansprachen erfolgten vom Oberbürgermeister Rickels, Kreisleiter Delag, Rektor Reschke, Dekan der med. Fakultät Lindt, Bischoff, Direktor der Kinderklinik, wie von Freundesgruppen im Beisein von Gratulanten. Zahlreiche Briefe und Depeschen, unter diesen eine der Rostocker med. Fakultät, trafen ein. Bischoff überreichte uns als Ehrengeschenk der Deutschen Gesellschaft für Kinderheilkunde eine schöne silberne Schale. Das Mittagessen vereinigte die engste Familie. Wir bedauern sehr, daß Hans, der seit 1. April 1936 im Arbeitsdienst in (unleserlich) bei Rutzen steht, an den Feiern nicht teilnehmen konnte, da er keinen Urlaub erhielt. Der schöne Tag wird immer in uns nachklingen.

Unter den Briefschaften fanden sich folgende Gedichte. Hilde Sippel geb. Stengel, Marburg, schreibt:

---

[111] Erich Ruppert, Veterinärrat und Kreistierarzt, ist der Sohn von Benno Ruppert und Martha Peiper, der Schwester von Erich.

Ein Freudentag, der heutige Tag,
ein Rückblick auf vergangene Zeit,
ein Dankgebet zu Gott dem Herrn,
der mit Dir war in Freud und Leid.

Ein Abendrot in goldenem Glanz,
nach manchem Sturm und Regen,
ein Ruhen vom nimmermüden Dienst,
der Kinderwelt zum Segen.

Denn vielen hast Du wohlgetan,
in ihrem Kummer, ihrer Not,
als gütig, liebevoller Arzt,
als treuer Freund bis in den Tod.

Und nun, nach reichem Lebenswerk
ein stiller Abendfrieden,
in der Familie trautem Kreis,
wie wenigen beschieden.

Auch mir war Heimat Euer Haus,
ich hab es nicht vergessen,
sind viele Jahre auch dahin,
seit wieder ich in Hessen.

Drum nimm aus dankerfülltem Sinne,
heut meine treusten Wünsche hin,
und leg noch manches Jahr zurück
mit ihr, die Deines Herzens Glück

Hilde Sippel

Zum 19. Mai 1936 von Emma Medem

Ja, wer im Lenzen 70 ward,
dem sang im blauen Flieder,
die Nachtigall zum Morgengruß
die allerschönsten Lieder.

Doch wer im Maimond 80 wird,
bleibt jung bis 100 Lenzen,
weil ihm zum Gruße Maienduft
und Vogellied bekränzen.

Doch wer der Deutschen Kinderglück,
so treu wie Du bewachte,
daß durch die Kraft die Freude stets
aus ihren Augen lachte.

Dem mög' der Herr, der Gutes lohnt,
das man den Kleinsten weihte,
noch oft verleihen solchen Tag,
gesund und froh wie heute.

Erich Peiper 80 Jahre[112]

Am 19. Mai werden es 80 Jahre, dass Erich Peiper z.Zt. emeritierter ordentlicher Professor der Kinderheilkunde in Greifswald, in Kloster Leubus (Schlesien) geboren wurde. Er entstammt einer ev. Pfarrerfamilie, die sich bis in die Zeit des 30jährigen Krieges verfolgen läßt. Seine früheren Vorfahren waren Handwerker und Tuchmachermeister in Schlesien. Sein Vater wurde ebenso wie sein Großvater Theologe.

Peiper ist wohl der letzte Vertreter jener Paediater auf Lehrstühlen, die aus der inneren Medizin hervorgegangen sind. Er war Assistent in der med. Klinik bei Mosler und habilitierte sich 1884 für innere Medizin. Erst 1908 übernahm er als Direktor, die vorher von Krabler geleitete Kinderklinik. Peiper war ein ausgezeichneter Arzt und seine ärztliche Tätigkeit erstreckte sich weit über die Grenzen von Pommern. Er war ein vielbegehrter Consiliarius.

Daneben entfaltete er eine reiche wissenschaftliche Tätigkeit, wovon besonders seine Arbeit mit Mosler über die Parasiten, über die Schutzpockenimpfung und zahlreiche Arbeiten über Kinderkrankheiten und über Säuglingsfürsorge

---

[112] Ein in die Chronik eingeklebter Ausschnitt aus der "Medizinische Klinik" Nr. 21 vom 22. Mai 1936,mit dem in Ablichtung beigefügtem Wortlaut. Handschriftlich ist sodann ein Artikel aus dem Jahrbuch für Kinderheilkunde Band 147 Heft 1. 1936 in die Chronik eingetragen.

zeugen. Der Allgemeinheit ist vielleicht weniger bekannt, dass Peiper das Verdienst hat, mit seinem damaligen Mitassistenten Soemmer, zusammen die Grundlage für die später im Weltkrieg zu so großer Bedeutung gelangten Typhusschutzimpfung zu schaffen. Er hat anfangs sogar in Greifswald die Dermatologie vertreten und er war wohl auch der erste deutsche Hochschullehrer, der die ärztlichen Standesfragen in Schrift und Tat kraftvoll vertrat. Unter seiner Leitung entstand 1913 ein mustergültiger Klinikneubau und 1915 gliederte er ein Säuglingsheim an, zwei Anstalten die Peiper bis zu seiner Emeritierung mit nie verzagender Arbeitsfreudigkeit und vorbildlicher Gewissenhaftigkeit, leitete.

Wir Kinderärzte Deutschlands bringen Erich Peiper zum 80. Geburtstag unsere allbesten Glückwünsche dar. Möge ein gütiges Geschick ihn seiner Familie und uns noch eine Reihe glücklicher Jahre erhalten. Möge ihm ein verdientes otium cum Dignitatio beschieden sein. Das ist unser Aller aufrichtiger Wunsch.

Rietschel

In den Pfingstfeiertagen machten Otto, Irma und Erich eine Fahrt Grünberg, Brückenberg, Breslau und Glatz. An den Feiertagen kam Hans zum Besuch. Er wird bald nach dem Arbeitslager Richterberg versetzt werden.

Zur Feier des 100.jährigen Bestehens der Gemeinde Leubus war ich eingeladen, konnte aber die Reise nicht machen. Ehrend wurde, wie mir berichtet wurde, der großen Arbeit meines Vaters an der Jubelfeier gedacht. In dem ev. Gemeindeblatt "Unsere Kirche" 15. Jahrgang 1936 wurde meines Vaters rühmend gedacht.

Im Laufe des Juni wiederholtes, kurzes Wiedersehn auf der Durchreise nach Göhren mit Herberts Familie.

Anfang Juni besuchte uns Frieda Peiper aus Berlin.

Einen Teil meiner Bibliothek habe ich der med. Klinik und der Kinderklinik überwiesen.

Im Juli erhielt Otto endlich das ihm lange vorenthaltene Patent als Professor. Klaus-Detlev und Lore besuchten uns Mitte Juli auf einige Tage. Ihre Eltern gingen nach Wießsee ins Bad.

Am 9. Aug. kamen Helene Riemer mit Hildegard und Eberhard zu uns zum Besuch.

Otto und Irma fuhren am 16. nach Garmisch zur Erholung. Im August Ausbesserung des Anstriches der Fenster. Neue Tapeten im Unterstock.

Das von uns am 5. Sept. 1898 beim Greifswalder Amtsgericht niedergelegte gemeinschaftliche Testament ist am 29. Aug. 1936 von mir auf Ersuchen des Greifswalder Amtsgericht zurückgenommen und als ungültig erklärt worden. Dieses geschah wegen der durch die Inflation veränderten Währungen. An seine Stelle tritt das am 3. Nov. 1932 von uns gemachte gemeinschaftliche Testament, das im Schrankkasten (?) ein Wort unleserlich, Eisenschränkchen verwahrt ist. Das Testament vom 5. Sept. 1898 ist vernichtet[113].

Hans, der im September das Arbeitsdienst-Halbjahr beendet hat, wird als Medizinstudierender immatrikuliert. Das Latinum braucht er nicht zu machen. Gelegentlich der Gymnasial-Jubelfeiern besucht uns Herbert. Im folgt Ulrich, der zwecks eines Luftschutzkursus in Berlin war. Im November wird die Stube von Anna neu hergerichtet.

Im Oktober beginnt Erich das med. Staatsexamen, das er mit gut am 12. Dezember beendet. Er tritt als Medizinalpraktikant im Stralsunder Staatsgesundheitsamt auf vier Monate ein.

Frau Geheimrat Grawitz, die mir täglich morgens die Zeitungen vorliest, hat am 1. Oktober eine vielmonatliche Reise nach Cordoba Argentinien angetreten; zum dritten Male.

Das Weihnachtsfest feiern wir, wie immer, mit dem Unterhaus zusammen.

Kleine Blutungen auf der Retina behindern meine Sehkraft seit Jahren. Wesentliche Verschlechterung ist nicht im verflossenen Jahr eingetreten. Anna ist für ihre hohen Jahre immer noch sehr beweglich. Eine große Freude war es uns von Max in Kassel ersten Male über eine Besserung in seinem schmerzhaften Leiden (Arthritis) zu hören.
Es berichteten weiter über Erich Peiper zum 19. Mai 1936:
Kinderärztliche Praxis Heft 5 1936 (Opitz)

---

[113] An dieser Stelle könnte der Wortlaut des gemeinschaftlichen Testaments von Erich und Anna Peiper aus dem Jahre 1936 eingefügt werden.

Deutsches Ärzteblatt 1936 Nr. 21

| Einnahmen | 12.768,10 M |
| Ausgaben | 10.241,19 M |

1937

Wir hofften im Januar auf den Besuch von Albrecht und Herbert. Leider kam Albrecht ohne Frau und Kind auf 12 Tage. Ulrich war anlässlich des 70. Geburtstages von Anna am 18. eingetroffen, so daß wir mit den beiden Söhnen schöne, ruhige Tage verleben konnten. Schließlich traf am Vortag des Geburtstages Herbert auch allein, ein. Wir verlebten einen schönen, frohen Tag im Kreise aller unserer Kinder, Schwiegersohn, Erich und Hans. Zahlreiche persönliche und schriftliche Gratulationen verschönerten den Tag.

Die Folgezeit verlebten wir still in der Hoffnung, unseren Goldenen Hochzeitstag im Juni gesund und ungetrübt, zu erreichen.

Schon am 29. Mai trafen ein, Herbert und Erika mit Hans-Jürgen, Birgit und Ulf; auch Albrecht und Herta kamen am selben Tage, aber ohne Kinder. Am 31. vormittags trafen Ulrich und Irmgard, Detlev und Lärchen ein. So waren wir vollzählig am 31. vormittags bei Otto und Irma und Erich und Hans versammelt.

Für die Charlottenburger und Oppelner Familien hatten wir in Lubmin gutes Quartier bekommen. Durch ihre Autos war die Entfernung aufgehoben.

Bei strahlendem Himmel begann die Feier am zeitigen Vormittag. Eingeleitet wurde die Feier durch die Überreichung des Goldenen Kranzes und des goldenen Straußes durch Lärchen und Birgit. Darauf ertönte der Choral „Lobe den Herrn" begleitet von zwei Flöten durch Jürgen und Gitti. Weiterhin brachten die zwei Flötenspieler Musik von Mozart. Dann folgte eine humoristische Dichtung von Ulrich. Dann folgte ein schöner Pagentanz in Kostümen von Detlev und Lärchen, der großartig ansprach. Dann bewunderten wir die vielen Gaben, die uns die Kinder und Enkel überreicht hatten. Inzwischen waren viele Briefe und Depeschen und ein reicher Blumenflor eingetroffen. Von 11 1/2 bis 1 Uhr kamen viele Gratulanten. Ansprachen von Deputationen hielten der Oberbürgermeister Rickels, Dekan der med. Fakultät Lieck. Der Rektor war durch den Prorektor vertreten.

Das Festessen, das uns alle vereinte, an dem auch Ruth Schirmer teilnahm, fand in Ottos Stube statt, wo wir alle fröhlich vereint waren. Albrecht hielt eine schöne Tischrede auf das Jubelpaar, dem es vergönnt war, alle ihre Kinder, Schwiegerkinder und 7 von den 9 Enkeln um sich vereint zu sehen,

**Goldene Hochzeit
Erich und Anna Peiper**
am 1. Juni1937
(im Greifswalder Garten)

**Erika Peiper
mit ihren Kindern**
Hans-Jürgen, Birgit, Ulf
bei der Goldenen Hochzeit

103

wohl ein seltenes Ereignis. Bis zum Abendbrot blieben wir noch zusammen. Ulf erfreute uns durch seinen Gesang zur Flöte.

Nach dem Mittagessen am 2. Juni kam dann der Abschied von den Berlinern und Oppelneren, die glücklich ihre Heimat erreichten.

Wir verlebten noch schöne Tage mit Albrecht und Herta, die am 5. Juni auch die Heimreise antraten.

Nun liegt alles wie ein schöner Traum hinter uns. Dankbar blicken wir zurück auf diese erhebenden Tage, wo uns so viel Liebe und Glück beschert war.

Im Mai erfreute uns die Deutsche Gesellschaft für Kinderheilkunde durch die Ernennung zum Ehrenmitgliede. Heinrich Peiper[114], Pastor in Marwitz, Sohn von Alexander, feierte am 4. April seine Hochzeit mit Frl. Gudopp in Wieck. Frieda Peiper[115] besuchte uns Anfang August anlässlich dieser Feier.

Otto und Irma reisten nach Garmisch, Heiligenblut und Millstedt. Mitte September hatten wir die große Freude, Herta mit Ulrich aus Barmen etwa 8 Tage zum Besuch bei uns zu haben. Wir waren über unseren kleinen Enkel sehr erfreut. Zuvor hatten uns die Berliner Charlottenburger Kinder auf ihren Durchfahrten nach Göhren zweimal zu kurzem Aufenthalt besucht. Auch Detlev aus Oppeln kam von Blesewitz aus, wo er seine Ferien verbrachte, auf eine Weile zu uns. Schließlich kam auch Ulrich noch auf einige wenige Tage zu uns. Alle unsere Enkel sind gesund, munter und soweit sie schon zur Schule gehen, fleißig. Im September wurde zu unserer großen Freude Ulrich, der Leiter des staatlichen Gesundheitsamtes in Oppeln ist, zum Obermedizinalrat ernannt.

Mitte November besuchte uns Ulrich, der auf einem Vortragskursus in Königsberg gewesen war. Ihm folgten Silvester Herbert und Hans-Jürgen.

Das Weihnachtsfest verlebten wir mit dem Unterhaus. Erich hatte am 15. Dez. sein Medizinalpraktikantenjahr beendet und erhielt noch im Dezember seine

---

[114] Der Schwiegervater von Heinrich Peiper war der Pastor Joh.Wilh.Ernst Gudopp in Wieck bei Eldena.

[115] Frieda Peiper war die Schwester von Alexander (II) Peiper, dem Vater von Heinrich Peiper. Die Hochzeit fand ganz in der Nähe von Greifswald statt. Das Kloster Eldena, heute Ruine, ist besonders bekannt geworden, durch die Bilder von Caspar David Friedrich.

Approbation als Arzt. Hans hatte Ende des Sommersemesters den ersten Teil des Physikums bestanden.

Von allen Kindern erhielten wir am Schlusse des alten Jahres die Nachricht, dass sie gesund und munter in das neue Jahr treten konnten. Abgesehen von den mancherlei Beschwerden des Alters können wir das Gleiche von uns sagen.

Den Silvesterabend verlebten wir mit dem Unterhaus und Herbert, der Hans-Jürgen mitgebracht hatte, froh zusammen.

1938

Herberts Besuch war nur ein kurzer. Er fuhr mit Hans-Jürgen am 2. Jan. nach Berlin zurück. Am 6. Jan. kam Albrecht zu einem längeren Besuch, aber allein. Er blieb bis zum 25.1., war also am 71. Geburtstage von Anna hier. Wir freuten uns sehr über den langen Besuch. Wir freuen uns, soviel Nettes von unseren Enkelkindern zu hören.[116]

Am 19. Jan. wurde uns beschert als 10. Enkelkind Gabriele Erika, das vierte Kind von Erika und Herbert.

Anfang Februar besuchte uns Herbert mit Ulf zum Wochenende. Im April zu Ostern kam Ulrich mit Detlev zu uns. Es folgte eine langwierige Erkrankung von Otto infolge einer Grippe, die uns viel Sorge bereitete. Hans begann seine 8wöchentliche Militärübung in Schlawe im März, Erich am 1.4. bei der Marine in Eckernförde. Letzterer ist in Greifswald auf der inneren Station als Volontärarzt eingetreten.

Besuch von Frieda Peiper am 22.4.

Krankenbesuch von Herbert mit Ulf am 29.5. bei Otto, 8 Tage später Durchfahrtsbesuch der ganzen Familie auf ihrer Pfingstfahrt nach Prerow. Unsere sämtlichen schulpflichtigen Enkel sind Ostern versetzt worden.

Am 28. Mai kam Frau Anna Gehrke auf einen 24stündigen Besuch zu uns, ein schönes Wiedersehen. Am 25. Mai - 2. Juni war Helene Riemer zu einem überraschenden Besuch in unserem Hause. Ihre Tochter Hilde war 1.4. als Laborantenschülerin in Greifswald eingetreten. Um es ihrer Mutter zu erleichtern, entschlossen wir uns, Hilde als Hausgenossin bei uns aufzunehmen.

Otto geht Ende Juni nach Braunlage in Irmas Begleitung zur Nachkur. Die Gesundung trat ein nach Entfernung einer Zahneiterung unter einer goldenen Zahnbrücke.

---

[116] Hier enden die handschriftlichen Eintragungen von Erich Peiper. Anna Peiper setzt die Chronik zunächst auf Diktat von Erich fort.

Ende Juni hatten wir die Freude unsere jüngste Enkeltochter Gabriele aus Berlin zum ersten Mal zu sehen auf der Durchreise nach Prerow, mit ihren Eltern und Geschwistern.

Ulrichs gehen mit ihren Kindern in den Ferien an den Tegernsee.

In einem Aufsatz über die Greifswalder Professoren - Deutsche med. Wochenschrift 1938 Nr. 24, 25- spricht Dr. Theo Malade über die Tätigkeit von Großvater Rudolf Schirmer, Schwager Otto Schirmer und über die meinige als Professor und Arzt.

Mit diesen Worten schließt das Diktat von Papa ab.

Am 13. September geschah es, dass sich Euer treuer Vater zur letzten Ruhe legte. Er hatte seit einigen Tagen wieder leichte Magenstörungen, die sich in Druckgefühl und zeitweilig auch in nicht zu starken Schmerzen äußerten und nach größeren Zeitabständen gelegentlich einstellten. Dr. Rohde wurde wie sonst gefragt, und wir hofften, dass das Leiden wie früher sich nach einiger Zeit bessern würde. Am Montag dem 12. September ging Papa mit mir noch ohne Beschwerden auf dem Wall spazieren, mittags las ich ihm die Zeitung vor. Als ich gegen Abend von einer Besorgung zurückkehrte, kam Papa mir mit den Worten entgegen:"Ich habe so fürchterliche Schmerzen seit 3 Minuten, es muss ein Gallensteinvorfall sein." Papa ging mit meiner Hilfe ins Bett und Dr. Rohde wurde gerufen. Er machte die von Papa gewünschte Morphiumeinspritzung, so daß Papa eine gute Nacht hatte ohne Schmerzen mit Schlaf. Am nächsten Morgen beantwortete er noch die Fragen der Ärzte, dann schlief er ein. So fand ihn Herbert, als er mittags kam. Papa ist dann nicht mehr aufgewacht, ohne Schmerzen und Kampf schlummerte er nun sanft hinüber ins Jenseits. Es war ein ausklingendes Leben, wie er es sich immer gewünscht hatte, wie es aber wohl nur wenigen beschieden ist.

Wir sind erfüllt mit tiefstem Schmerz, aber auch mit tiefster Dankbarkeit. Die Trauerfeier fand am 16. September statt nachmittags 3 Uhr in der Kapelle des alten Friedhofes, wo Superintendent v. Scheven[117] die Rede hielt. Versammelt waren alle vier Kinder mit Ehegatten, bis auf Herta, die leider nicht kommen konnte, den Enkeln Erich, Hans und Jürgen. Es war eine große Beteiligung von nah und fern.

---

[117] Karl von Scheven (16.2.1882 – 7.10.1954) war ein evangelischer Theologe und erster Bischoff der Pommerschen Evangelischen Kirche.

Die Kinder verabschiedeten sich schon in den nächsten Tagen wegen der drohenden Kriegsgefahr.

Es gab dann unendliche Arbeit, ohne Irmas treue Hilfe und Umsicht, wäre ich nie fertig geworden. Wie es Papa bei Lebzeiten wünschte, teilte ich mit Irma und Otto die Oberwohnung, die drei kleinerer Vorderzimmer wurden für mich eingerichtet. Die untere Wohnung bezog Professor Velhagen[118] mit Familie.

Still verlebte ich das Weihnachtsfest in Gedanken an Erich, der seit 53 Jahren zum ersten Mal fehlte an meiner Seite.[119]

---

[118] Karl Velhagen war von 1938 – 1945 o. Professor für Augenheilkunde an der Universität Greifswald.

[119] Erich Peiper starb, wie auch die Schilderung von Anna Peiper erkennen lässt, an einem durchgebrochenen Magengeschwür, s.a. Christian Ruppert: Ahnentafel der Geschw. Ruppert S. 38.

1939

I

Das Leben geht weiter, wenn der Mensch auch glaubt alles müsse still stehen. Ich gebe mir Mühe bei der treuen Fürsorge von Irma und Otto und der Liebe meiner fernen Kinder mein äußeres Gleichgewicht wiederzufinden.

Mein Geburtstag wurde mir erleichtert durch längeren Besuch von Albrecht. Ende des Winters verreisten Irma und Otto zur Erholung nach Ottos langer schwerer Krankheit im Sommer, hervorgerufen durch eine starke Eiterung unter einer Goldbrücke, die nach langen Monaten erkannt worden war, nach Sizilien und Unteritalien.

Ostern: Einsegnung von Detlev in Oppeln.

Im Mai meine Reise nach Bad Fliesberg, wo ich gute Erholung fand. Danach besuchte ich Herberts in Prerow, wo ich schöne Tage verlebte. Nach meiner Heimkehr war es endlich geglückt, von der Stadtverwaltung die Genehmigung für den Anfangs beanstandeten Grabstein für Papa zu bekommen. So wurde im Juni ein schöner großer Findling in rötlicher Farbe an seiner Grabstätte errichtet mit der Inschrift:

> Professor Dr. Erich Peiper
> Geheimer Medizinalrat
> Direktor der Kinderklinik
> Ehrenbürger der Stadt Greifswald
> * 19.5.1856 † 13.9.1938

Anfang des Krieges besteht Hans sei Physikum und studiert bis Weihnachten in Berlin, siedelt dann nach Greifswald über zum Studium.

An dem Krieg sind beteiligt: Herbert als beratender Chirurg in der Rheingegend, mein Enkel Erich als Mediziner auf Usedum bei der Marine.

Irma und Otto kamen bei Ausbruch des Krieges gerade noch rechtzeitig von ihrer Reise aus Italien zurück.

Ende der Chronik

Die Erbschaft von Anna Peiper
in familiengeschichtlicher Betrachtung

von Ulf Peiper

In der Chronik der Familienereignisse von Erich und Anna Peiper befinden sich nicht nur über Jahrzehnte hindurch treulich vermerkt Angaben über Einnahmen und Ausgaben und über den jeweiligen Vermögensstand, sondern auch ein lose eingelegtes Blatt mit der Überschrift "Erbschaft von Anna Peiper", das folgenden Wortlaut hat:

1894 Mutter Schirmer	5.032 M
1896 Vater Schirmer bar	44.002 M
Haus	47.730 M
Tante Gertrud Voigt	6.000 M
1914 Großvater Planck	7.730 M
	110.400 M

Der Wert der Erbschaften, die Anna Peiper von ihren Eltern, der Tante Voigt und ihrem Großvater erhielt, dürfte bei einem Kaufkraftvergleich in heutiger Sicht mindestens den 8-fachen Betrag ausgemacht haben und somit aus heutiger Sicht einen Gegenwert von DM 800.000,-- darstellen.

In diesem Zusammenhang ist es sicher bemerkenswert, daß die Urgroßeltern Schirmer ihrer Tochter Anna allein ein Vermögen von knapp 100.000 Goldmark hinterließen. Bedenkt man, daß bei ihrem Tode noch vier weitere Geschwister lebten und geht man von der Annahme aus, daß diese Geschwister in gleicher Weise bedacht wurden, so müssen die Urgroßeltern Schirmer ein Vermögen von nahezu 500.000 Goldmark hinterlassen haben. Dies würde, wiederum im Kaufkraftvergleich, einem Vermögen von nahe zu DM 4 Mio. entsprechen. Bei diesem Sachverhalt ergibt sich natürlich die Frage, woher diese großen Vermögenswerte stammten, die Urgroßvater Rudolph Schirmer unmöglich während seines Lebens aus seiner Tätigkeit als Augenarzt und als Universitätslehrer hätte ansparen können. Es muß daher von der Annahme ausgegangen werden, daß diese bedeutenden Vermögenswerte bereits den Urgroßeltern Schirmer durch Erbschaft zugefallen waren.

Obwohl wir heute natürlich bei der Beantwortung der Frage, woher diese Erbschaft stammen könnte, auf Vermutungen angewiesen sind, liegt die Folgerung nahe, daß es sich um Vermögenswerte aus dem Hause Voigt und damit um Vermögenswerte handeln kann, die aus der Familie von Loevenich vererbt wurden. Dieser Rückschluß liegt auch insofern nahe, daß mit Sicherheit ausgeschlossen werden kann, daß der Vater von Rudolph Schirmer - Ferdinand Schirmer - in seinem Beruf als Pfarrer und Hochschullehrer nennenswerte Vermögenswerte hätte zusammentragen können.

Es lohnt sich daher, einen Blick in die Geschichte der Familie von Loevenich, die dem rheinischen Uradel entstammt, im Anfang des 17.Jahrhunderts zum mennonitischen Glauben übertrat und etwa um die gleiche Zeit die Manufaktur und den Handel hochwertiger Molltuche in dem Aachen benachbarten Burtscheid aufnahm, zu werfen. Dies umso mehr, als in der Familien Überlieferung über diese Familie, die so viel zum Wohlstand der Familien Schirmer und Peiper in Greifswald beigetragen hat, vieles bis in unsere Generation lebendig geblieben ist, aber doch langsam verloren zu gehen droht, wenn es nicht festgehalten wird. Darüber hinaus gibt es zahlreiche interessante Quellen und Veröffentlichungen über die Familien Voigt und von Loevenich, die einem weiteren Kreis der Nachkommen zugänglich gemacht werden sollten (Albrecht Peiper, Erinnerungen eines Kinderarztes, Seite 23 ff.,über Friedrich Sigmund Voigt; Friedrich August Ebrard, Die Fabrikantenfamilie von Loevenich und ihre Herkunft, August Schumacher, Vier wertvolle Grabsteine des 18. Jahrhunderts in Zeitschrift des Aachener Geschichtsvereins Band 69, Seite 135 ff. Macco, Beiträge zur Genealogie rheinischer Adels- und Patrizierfamilien, II Seite 121 ff., Aachen 1887).

Auf diese Quellen stützen sich die nachfolgenden Ausführungen im Wesentlichen:

Nun zu Susanne, gen. Susette, von Loevenich:
Susanne von Loevenich wurde am 25. Sept. 1792 in Burtscheid, heute einem Vorort von Aachen, als Tochter von Friedrich von Loevenich und seiner Ehefrau Charlotte Susanne Hestermann geboren. Über das Leben von Susanne von Loevenich ist verhältnismäßig viel bekannt, insbesondere aus ihren handschriftlichen Aufzeichnungen, die früher im Familienbesitz waren. Diese Aufzeichnungen sind im Krieg leider verlorengegangen.

Auszüge aus diesen tauchen jedoch immer wieder im Zusammenhang mit der Goethe-Forschung auf. Bevor hierüber einiges berichtet werden soll, ist es jedoch notwendig, einen kurzen Blick auf die Herkunft und die Bedeutung der Familie Loevenich zu werfen.

Es ist heute durch die Forschungen von Professor Dr. Ebrard erwiesen, daß die Aachenen von Loevenichs dem rheinischen Uradel, und zwar der seit dem 15. Jahrhundert in Aldenhoven bei Aachen ansässigen Vogt-Familie von Loevenich entstammen. Die Zusammenhänge dieses Aldenhovener Rittergeschlechtes mit den urkundlich in den verschiedensten Quellen bis hinein in das 12. Jahrhundert immer wieder erwähnten von Loevenichs sind bis heute nicht ausreichend erforscht. Jedenfalls sind die Stammsitze dieser Familie immer wieder im Köln-Aachener-Raum zu finden. Zahlreiche Ortschaften in dieser Gegend haben den Namen Loevenich, es waren Lehnsgüter der Familie von Loevenich. Stammvater der Aachener von Loevenichs war Peter von Loevenich, geb. um 1450, bezeugt 1465, 1489 und 1516. Seine Ehefrau hieß Jenna, ihr Geburtsname ist unbekannt. Von Peter von Loevenich heißt es, daß er reich begütert u.a. in und bei Aldenhoven, Hellrath, Fronhoven, alle Orte in der Nähe von Jülich gelegen, gewesen sei. Er war Lehnsträger und Verwalter der kölnischen Domprobstei im Jülich-Gau und, wie es scheint, zugleich von Herzog Gerhard von Jülich seit 1465 mit dem Hof Gundersdorf im Dinckmahl von Pier (Jüngersdorf bei Langerwehe Krs. Düren) belehnt.

Peter von Loevenich hatte drei Söhne, der jüngste hieß Bartholomäus (Mewis) von Loevenich, Herr in Fronhoven und Dürrboslar. Er muß vor 1569 gestorben sein, da zu diesem Zeitpunkt Katharina Scheulens als seine Witwe bezeugt ist. Ferner werden im Jahre 1570 seine beiden Söhne, Engell(brecht) und Bartholomäus als Lehnsträger zu Fronhoven urkundlich erwähnt. Bei dieser Urkunde handelt es sich um ein im Staatsarchiv Düsseldorf für das Amt Jülich-Aldenhoven verwahrtes "Verzeichnis der Lehnleute von des Herrn Domprobstes Mancamer zu Aldenhoven". An dieser Stelle sei im übrigen darauf hingewiesen, daß die Stammfolge in der Ahnentafel von Professor Erich Peiper (Greifswald 1931) insoweit offenbar falsch ist, als er als Sohn des Bartholomäus von Loevenich und seiner Ehefrau Katharina Scheulens einen Karl von Loevenich in Fronhoven, verheiratet mit einer Gudula von Hensel, bezeichnet. Diese Angabe ist eindeutig falsch, sie steht im Widerspruch zu den eben erwähnten Unterlagen aus dem Staatsarchiv in Düsseldorf.

Bevor ich auf die Aufzeichnungen in der Urkunde des Staatsarchivs von 1570 eingehe, bedarf es eines erläuternden Wortes, um was es sich bei der sogenannten Mannkammer des Domprobsteiwaldes in Aldenhoven gehandelt hat. Diese Mannkammer bildete den Vorstand aller Wald- oder Buschberechtigten an einem großen Forst, der der Domprobstei zu Köln gehörte und als Lehen in das Eigentum der umliegenden Gutsbesitzer übergegangen war.

Diese, wenn man so will, Genossenschaften der Waldberechtigten bestand bis zum Jahre 1794. Die eigentliche Mannkammer wurde gebildet von dem Statthalter des Domprobstes, der den Vorsitz führte und einer Adelsfamilie entstammen mußte und zwei Holzgrafen, von denen einer tunlichst aus einer Adelsfamilie gewählt wurde. Beide Ämter waren häufig im Besitz der Familie von Loevenich, was darauf hinweist, daß sie zu den bedeutendsten der um den Forst begüterten Grundbesitzer gehörten. Dieser Forst hatte im Übrigen einen Flächeninhalt von 3.500 Morgen und reichte bis Eschweiler und an den Aachener Reichswald. Sein Bestand bildeten hauptsächlich Eichen- und Buchenhochstämme. Die Anteile waren Erblehen, die Besitzer konnten frei darüber verfügen, nur mußte der Erwerber der sogenannte "Waldbeerbte" dem Oberlehnsherrn oder dessen Stadthalter im Beisein zweier Mitbeerbten den Lehnseid leisten. Oberlehnsherr war, wie gesagt, der Domprobst zu Köln. Er ernannte den Statthalter aus der Mitte der vollberechtigten adeligen Buschbeerbten auf Lebenszeit. Die Berechtigung der Waldbeerbten richtete sich nach der Größe ihres Anteils an der Waldnutzung. Die Buschbeerbten teilten sich nach dem Ertrag ihrer Güter in vier Klassen: Manngüter, Wehrwagen, Taufgüter und Kottergüter. Nach der Größê dieser Anteile richtete sich auch die Berechtigung, insbesondere zur Holznutzung und zur Viehwirtschaft im Wald. Gerade die Viehwirtschaft war, was in der heutigen Zeit kaum noch bekannt ist, bis weit in das 18. Jahrhundert hinein im Wesentlichen auf die Waldnutzung angewiesen. Die Viehhaltung spielte sich nämlich bis zu dieser Zeit und zur Einführung einer modernen Wiesen- und Weidenwirtschaft durch Drainierung und Kunstdüngung im Wald ab.

Sobald das Wetter es erlaubte, wurden sowohl Rinder- als auch Schweineherden im Frühjahr durch die Hirten in den Wald getrieben und verblieben dort bis zum Beginn des Winters. Jeder Buschberechtigte durfte entsprechend der Größe seines Anteils Vieh in den Wald treiben, das zuvor durch einen Brandstempel gekennzeichnet war. Über die Rechtsverhältnisse am Probsteiwald sowie über die Beziehungen der verschiedenen Mitglieder der Häuservon Loevenich und von Pallant untereinander geben die erhaltenen Akten von vier Berufungssachen, welche vom 29. Juni 1598 bis 28. April 1601 beim Reichskammergericht zu Speyer anhängig waren, einen guten Einblick.

Nun aber zurück zu der Urkunde des Düsseldorfer Staatsarchivs. Über die Lehnsmannen des Domprobsteiwaldes befinden sich für den 2. Mai 1569 nach Ortsnamen geordnet folgende Eintragungen:

"Bosseler (Dürrboslar). Catharina Scheules, ein gutt von alters dan Mormaas (?) gutt allem zubehoer, ist ein mangutt, hatt ihr sohn Mewiß (Bartholomäus) von Lövenich empfangen.

Fronhoven, Item der thumbhoff mit allem zubehoer, ein mangutt, so Engel von Loevenich, alt (d.h.früher, denn der Vater "Mewiß" d.A. war inzwischen verstorben) mit seinen altern, besetzt, mit allem zubehoer, und hat man echer und ist dubbelen brandt soviel alß zwey mangutt.

Catharina etwan Mewiß (Bartholomäus) von Loevenich haußfraw, ein dauffgutt, gelegen auf dem zehenhove recht gegen dem panhauß, mit allem zubehoer."

Aus diesen Eintragungen ergibt sich, daß Bartholomäus (Mewiß) der ältere bereits verstorben war. Auf seinen Gütern in Dürrboslar und Fronhoven sitzen nunmehr seine Frau, Katharina Scheulen, und seine beiden Söhne| Bartholomäus und Engell (Engelbrecht) von Loevenich.

Professor Ebrard weist in seinem Aufsatz "Die Fabrikantenfamilie von Loevenich und ihre Herkunft" nach, daß ein Sohn des letztgenannten Bartholomäus, der gleichnamige Bartholomäus von Loevenich, Bürgermeister zu Jülich gewesen ist. Dieser Bartholomäus war vermählt mit N.N. Simonius von Ritz. Der Bürgermeister Bartholomäus von Loevenich hatte zahlreiche Kinder, von denen der Älteste, Bartholomäus der Junge, (iur.utr.lic) wiederum Bürgermeister zu Jülich war. Der Zweitälteste, Caspar von Loevenich, war Bürgermeister zu Aachen. Der dritte Sohn des Bürgermeisters Bartholomäus von Loevenich hieß Alexander d.Ä., auch Sander genannt. Bis zu ihm läßt sich die Stammfolge der Burtscheider Fabrikanten von Loevenich, urkundlich und aktenmäßig bewiesen, zurückverfolgen. Es ist aber nach den Forschungen von Ebrard gleichfalls gewiß, daß dieser Alexander d.A. ein Sohn des Jülicher Bürgermeisters Bartholomäus von Loevenich (um 1600) ist. Seine Schwester Clara heiratete nämlich Arnold von Aldenhoven gen. Prom, Dr.jur.utr., kurkölnischer Vizekanzler und des könglichen Stuhl und der Stadt Aachen Syndikus. Sie erscheint hierbei als Tochter des Bürgermeisters Bartholomäus von Loevenich zu Jülich. Damit ist auch die Abstammung aus dem Aldenhovener Adelsgeschlecht derer von Loevenich bewiesen.

Es kann im Übrigen kaum verwundern, daß mit Alexander d.A. sich dieser Zweig der Familie von Loevenich dem Kreis der ritterlichen Adelsgeschlechter entfremdet. Alexander d.A. ist nämlich zum mennonitischen Glauben übergetreten. Mit diesem Glaubenswechsel in den Religionswirren des beginnenden 17. Jahrhunderts war mit Sicherheit eine Achtung der Familie und ein Verlust der Lehensfähigkeit insbesondere gegenüber dem Domprobst zu Köln verbunden.

Ein Verlust der Lehnsfähigkeit umso mehr, als die Mennoniten es ablehnen, einen Eid - also auch den Lehnseid - zu leisten. Sie werden somit sicherlich ihre Erblehen im Raum von Aldenhoven, was zulässig war, verkauft haben. Gegen Mitte des 16. Jahrhunderts sterben ferner die ritterlichen und lehnsfähigen Nachkommen des Peter von Loevenich aus, so daß nur der Burtscheider Stamm der Familie erhalten bleibt.

Mit Alexander d.Ä. vollzieht sich somit die Umstellung der Familie von den Gutsherren im Aldenhovener Raum zum städtischen Handelsherrn, wobei das angestammte Vermögen der Familie wohl erhalten blieb. So besaß Alexander von Loevenich mit seiner Schwester Clara die, wie bereits erwähnt, mit dem hoten Aachener Würdenträger Dr. Prom verheiratet war, gemeinschaftlich den "Radishof am Gasborn" in Aachen und die "Esch am Kochbrunnen" in Burtscheid. Über 200 Jahre hat die Familie sodann in Burtscheid und in Aachen gesessen. Der Hauptstammsitz in Burtscheid erklärt sich aus der Tatsache, daß die Mennoniten im Territorium der Abtissin des kaiserlichen freien und unmittelbaren Reichstiftes Burtscheid zugleich Frau und Erbvogtin der Herrlichkeit Burtscheid, Asyl genossen.

Hier in Burtscheid gründete Alexander d.A. das von Loevenichsche Tuch- und Handlungshaus, welches erst 1840 einging. Es hat somit fast 250 Jahre bestanden. Wie Sektierer häufig, waren auch die Mennoniten Kosmopoliten, denen durch Rechtschaffenheit, Gottesfurcht, Nächstenliebe und Fleiß der Erfolg nicht versagt geblieben ist.

Sein Sohn Alexander d.J. setzte das Unternehmen fort. Alexander d.J. muß vor 1690 gestorben sein, da zu diesem Zeitpunkt seine Frau Maria von Loevenich geb. Meeß, die aus einer um 1550 als reiche Patrizier in Aachen blühenden ursprünglichen Metzgerfamilie stammte, hochbetagt noch bei ihrem Sohn Bartholomäus (gestorben 1723) lebte.

Unter Bartholomäus gelangte die Burtscheider Fabrik zu größerer Bedeutung. Bartholomäus erwarb von seinen beiden Brüdern, sowie den Erben der Geschwister seines Vaters Alexander d.J., die nach Amsterdam und in die Nähe von Philadelphia (USA) ausgewandert waren, deren Anteile am Burtscheider Geschäft und Grundbesitz. Er schuf so eine wichtige Voraussetzung für den kurz nach seinem Tod durch seinen Sohn Isaac 1723 vollzogenen Ankauf des stattlichen Hauses "Zur Kron" in Burtscheid. Bartholomäus von Loevenich war es auch, der auf Reisen zu den Kunden in Italien erstmals die päpstlicheKurie für sein "echtes Burtscheider Tuch" (il vero borcetto) nachhaltig zu interessieren vermochte. Ihm war es nämlich gelungen, für das Tuch zu den roten Ornaten der römischen Kardinäle eine Herstellungsweise zu erfinden, die eine stets gleichmäßige Lieferung gewährleistete. Das Rotfärbeverfahren für Purpurstoffe blieb Fabrikgeheimnis der von Loevenichs und hatte Bestand bis zur Einführung der modernen Teerfarbenchemie.

Meines Erachtens ist der Schluß zulässig, daß dieses Fabrikationsgeheimnis auch Eingang in die Krefelder Seidenfabrikation der Familie von der Leyen gefunden hat, denn spätestens im 18. Jahrhundert festigen sich die Familien- und Handelsbeziehungen zum Seidenhaus von der Leyen in Krefeld durch mehrfache Ehebündnisse zwischen den beiden mennonitischen Familien, teilweise bis zur gemeinschaftlichen Geschäftspartnerschaft. Es kann davon ausgegangen werden, daß im 18. Jahrhundert das Tuchhaus von Loevenich in Burtscheid und das königlich privilegierte Seiden- und Samthaus von der Leyen in Krefeld zu europäischer Bedeutung aufstiegen und beide Familien als größte deutsche Textilfabrikanten ihrer Zeit anzusehen waren.

Während die Burtscheider von Loevenichs die Wollmanufaktur beherrschten, nahmen die Krefelder von der Leyen eine führende Stellung in der Manufaktur von Seiden- und Samtstoffen ein. Goethe erwähnt in "Dichtung und Wahrheit" 2,6 die Tuchfabrikanten von Loevenich wie folgt: "Mein Vater war selbst um die besten Tücher und Zeuge bemüht, indem er auf den Messen von auswärtigen Handelsherren seine Ware bezog und sie in seinen Vorrat legte; wie ich mich dennoch recht wohl erinnere, daß er die Herren von Loevenich von Aachen jederzeit besuchte und mich von meiner frühesten Jugend an mit diesen und anderen vorzüglichen Handelsherren bekannt machte."

Wenn man im Übrigen bedenkt, daß im 18. Jahrhundert die Tuchindustrie wohl überhaupt die bedeutendste Industrie des frühkapitalistischen und frühindustriellen Zeitalters gewesen ist, so kann man ermessen, welche Bedeutung die Herren von Loevenich und von der Leyen, verwandtschaftlich und geschäftlich eng verbunden, seinerzeit in Deutschland und Europa gehabt haben. So nimmt es auch nicht Wunder, daß bereits König Friedrich Wilhelm I. 1738 die Fabrikation in Krefeld besichtigte und bei den Geschwistern von der Leyen in ihrem Haus in der Königstraße abstieg. Ferner gehörte den von der Leyens die Liegenschaft Krefeld, Friedrichstraße 2, die bereits 1754 einen Brandschätzungswert von 2.500 Reichstalern besaß.

Nach Bartholomäus Tod (1723) bestimmte im Wesentlichen sein Sohn Isaac von Loevenich (1684 - 1742) die Geschicke des Fabrikations- und Handelshauses. Wie bereits erwähnt, erwarb er 1723 zum Preise von 3.000 Reichstalern die Liegenschaft "Zur Kron" Hauptstraße 33 in Burtscheid, einer Bauanlage, die Krumbach (Die Bauten an der Hauptstraße zur Burtscheid, Dissertation Aachen 1916) wie folgt beschreibt: "Die äußere Erscheinung, charakterisiert durch die langen Fensterreihen und das mächtige Dach, sucht in Aachen und Burtscheid heute noch ihres Gleichen".

Leider wurde das Haus "Zur Kron" 1944 zerstört und nicht wieder aufgebaut.

Als Isaac unerwartet 1742, wie seine Frau Sybille ihrem Schwager mitteilte, an einem "auf den Nacken gefallenen Anthrax", d.h. einem bösartigen Karbunkel starb, übernahm seine nunmehrige Witwe Sybille, die 1680 geb. Älteste der 14 Kinder Wilhelm von der Leyens, mit, wie es heißt, "sicherer Hand die Leitung des Unternehmens". Sie gründete in Verbindung mit ihrer einzigen Tochter Anna (1717 - 1789) deren Ehemann und Vetter Gerhard (1717 - 1792) von Loevenich, einem Sohn von Alexander von Loevenich, sprich von Oorsfeld, dem Halbbruder ihres Mannes, Isaac von Loevenich, und ihrem eigenen einzigen Sohn Bartholomë 1748 die Firma "Isaac von Loevenich & Companie" in Burtscheid, eine Fabrik, vor welcher die sämtlichen Burtscheider Einzelmanufakturen der Familie in jeder Hinsicht rückständig erschienen und ein Menschenalter später nacheinander liquidieren mußten.

Über Sybille von Loevenich schreibt Ebrard (a.a.O). Die Fabrikantenfamilie von Loevenich und ihre Herkunft) folgendes:

"Solange freilich Sybille von Loevenich - von der Leyen lebte – sie starb erst 1776 in ihrem 96. Lebensjahr, 8 Wochen, nachdem sie, hoch in Ehren gehalten auch vom Fabrikpersonal, als rüstige Greisin an der Silberhochzeit von Sohn und Schwiegertochter, welche zugleich ihre Nichte war, gebührend mitgefeiert worden war, stand von ihren Eltern und Schwiegereltern her der patriarchalische Zusammenhang der

weitverzweigten Nachkommenschaft in voller Blüte. Der Blick der wahren Ahnfrau aller reichte in jede Kinderstube ihrer zahlreichen Enkel, Großnichten und Großneffen. Auf 19 nahverwandte Stämme, darunter zwei Söhne von Alexander von Loevenich, entfielen aus dem Testament ihres jüngsten Halbbruders, des Wirkl. Kommerzienrates Heinrich von der Leyen, 1782 abzüglich 8000 Reichstaler für die reformierten, lutherischen und katholischen Armen 101.000 Reichstaler Barvermächtnisse".

Wohlgemerkt handelt es sich hierbei nicht um ihre Erbschaft oder die ihres Sohnes Bartholomäus, sondern lediglich um ein Vermächtnis ihres Halbbruders Heinrich von der Leyen.

Zu den Begünstigten dieses Vermächtnisses gehörten, wie erwähnt, die Enkel. Zu diesen Enkeln gehörte Friedrich von Loevenich, der Vater von Susette Voigt.

Erwähnenswert ist in diesem Zusammenhang der gemeinsame Grabstein von Isaac von Loevenich und seiner Ehefrau Sibilla von der Leyen (Fotografien ihrer Bildnisse befinden sich im Besitz der Erben Professor Herbert Peiper), der trotz der großen Kriegszerstörungen, die Aachen 1944 getroffen haben, erhalten geblieben ist. Das gleiche gilt für den gemeinsamen Grabstein von ihrem einzigen Sohn Bartholomäus von Loevenich und seiner Ehefrau Maria von der Leyen und ihres Enkelsohns Friedrich von Loevenich (Original-Ölbildermit den Porträts der Letztgenannten befinden sich im Besitz der Nachkommen Professor Herbert Peiper). Diese Grabsteine wurden nach dem Krieg sichergestellt. Über die Sicherstellung dieser Grabsteine schreibt Schumacher (Vier wertvolle Grabsteine des 18. Jahrhunderts) a.a.O. Seite 140 folgendes:

"Als am späten Abend des 11. April 1944 die Burtscheider Altstadt durch einen schweren Luftangriff zerstört wurde, blieb der reformierte Friedhof an der Hauptstraße[120] wie durch ein Wunder fast unversehrt. Es war nicht leicht, über

---

[120]in Burtscheid an der Hauptstraße Nr. 33 befand sich auch das Loevenichsche Wohn- und Fabrikationshaus "zur Kron", sowie die 1796 von Bartholomäus von Loevenich erworbene Nachbarliegenschaft Hauptstraße Nr. 35, die der zusammengebrochenen Konkurrenzfirma Joh. Karl Pastor sel. Söhnen gehört hatte, beide Anwesen durch die angesehenen Aachener Architekten Johann Josef Couven und dessen Sohn Jakob künstlerisch ausgebaut, zu einer, wie es heißt "recht glücklichen Vereinigung von Wohnhaus und Fabrik". Die gesamte Gebäude besaßen bei Bartholomês Tod im Jahre 1798 einen amtlichen Schätzungswert von 16.000 Reichs-

die Trümmer des Hauses "Zur alten Predigt", der 1803/04 erbauten Kirche und des ehemaligen Predigerhauses "auf dem Stupp" auf den "Begräbnisplatz der Religionsverwandten", wie dieser Kirchhof schon bald nach 1600 in alten Burtscheider Urkunden genannt wurde, zu gelangen. Die hier befindlichen und oft bemerkenswerten Grabsteine waren unbeschädigt. Auch die Denkmäler auf dem 1804 angelegten Privatfriedhof der Familie Pastor, darunter sehenswerte Grabsteine der Familien Cockerill, Suermondt, Fabritius u.a. zeigten keinerlei Schäden. An der südlichen Friedhofsmauer standen drei schöne Wandstelen des Isaak, des Bartholomäus und des Friedrich von Loevenich."

Diese Grabsteine hat Professor Dr. Peter Ludwig 1954 angekauft und im Garten seines Hauses Eupener Straße 281 aufstellen lassen (Bilder der Grabsteine bei Schumacher a.a.O. Seite 144 ff).

Alle Grabstelen sind wertvolle Zeugnisse der Bildhauerkunst des ausgehenden 18. Jahrhunderts, sie sind wunderbare Zeugnisse des Klassizismus. Auf allen Grabsteinen sind die Wappen der Familien von Loevenich und von der Leyen angebracht, lediglich der Grabstein Friedrich von Loevenichs enthält das Wappen seiner Gattin Charlotte Susanne Hestermann, deren Name und Geburstdatum ebenfalls auf diesem Grabstein angebracht wurden. Sie ist jedoch 1835 in Frankfurt gestorben und war nochmal in zweiter Ehe mit Professor Gerdum verheiratet.

Bevor wir uns dem Leben und Wirken des einzigen Sohnes von Isaak und Sibilla von Loevenich zuwenden, sei hier der Wortlaut eines Schreibens wiedergegeben, das Sibilla von Loevenich handschriftlich ihrem Bruder mit der Mitteilung des Todes ihres Gatten Isaak zugehen ließ:

"Sehr wehrter, Viel Geehrter Herr Bruder,
Mit eußersten Wemuth, undt Hertzen Leidt habe hierbey die Ehre E(uer) L(iebden) bekannt zu machen waß maßen es denn Allwaltende Gott gefallen meinen Geliebtesten Ehegemahl Weylandt Isaak von Löwenich nach dehme er nuen seithero 4 Wochen an ein Ihm auf dem Nacken gefallenes Accident antrax, oder Parothesis genandt unaussprechliche Schmertzen gelitthen (wozu dan endlich der Kalte brandt geschlagen), heuthe morgen ca 4 Uhr in den Altherthumb von 57-Jahr undt 9 Monath

---

talern. Um einen Vergleich über den Wert dieser Liegenschaften zu geben, sei erwähnt, daß ungefähr um die gleiche Zeit Peter von Loevenich, ein Sohn von Bartholome, später Vormund von Susette Voigt, Gut Bockdorf bei Kempen Krs. Krefeld für 13.400 Reichstaler käuflich erwarb

aus dießer Zeitlichkeit abzufordern, undt gleich wie festiglich vertrauen in sein Himmlisches Königreich über zu bringen. Ich zweifle nicht E.L. werden in dießen meinen sehr schweren Besuchungen, undt schmertzlichen Thrauerfall, antheil nehmen wündtsche anbey daß der Grundgüthige Gott E.L. für dergleiche undt andere betrübte zufäll gnädiglich behüethen, undt noch Lange Jahren bey allem Ersprießlichen Wohlergehen fristen wolle. In dessen himmlische Obhuth E.L. als mir Empfehlende mit stäther Hochachtung verharre.

Burtscheidt, den 27. Aug. 1742
HochgeEhrter Herr Bruder
E.L.Höchstbetrübte Schwester und Dienerin
Wittib J. van Lövenich
Creyveldt a/H(errn) Arnoldt Goeyen."

Bartholomê (auch Bartholomäus) von Loevenich, Isaacs einziger Sohn, wurde am 20. Juli 1722 zu Burtscheld geboren. Am 14.11.1750 vermählte er sich mit seiner Cousine Maria von der Leyen geb. am 15. Mai 1723. Sie war die Tochter des Bruders seiner Mutter Peter von der Leyen und seiner Ehefrau Maria von Acken. Um 1752 übernahm Bartholomë von seiner Mutter die Geschäftsführung und wurde 1782 Alleininhaber der Firma Isaac von Loevenich und Comp. (im Besitz der Erben Professor Herbert Peiper befindet sich ein 1770 von Anton Graff gemaltes Bild des Bartholomê von Loevenich). Dieser wahrhaft bedeutende und vornehme Fabrikant und Kaufmann hat es in mehr als 50-jähriger Tätigkeit, begünstigt durch die von der Seide zur Wolle sich wendende englische Moderichtung verstanden, die Firma zu einem der in der damaligen Textilindustrie am Niederrhein führenden Häuser zu entwickeln.

Er beschäftigte über 100 Arbeiter, damals eine große Zahl. Das Verhältnis zu seinen Leuten, die einen eigenen Sängerchor hatten, war patriarchalisch. Die von Loevenichsche Fabrik dürfte als der erste Versuch großen Stiles anzusehen sein, die Tuchbereitung von der kleinen und Hausindustrie, in deren Grenzen sich die übrigen von Loevenichschen Firmen hielten, zum einheitlichen Betrieb zu entwickeln, der die früher örtlich getrennten Einzelarbeiten in eigens für diesen Zweck angelegten Räumen vereinigte. In einem dreistöckigen schloß-artigen 1768 errichteten Fabrikbau im Hof konnten die allein über 100 Arbeiter beschäftigt werden.

Allgemeine Beachtung verdiente die ausgesprochene Zurückhaltung des Fabrikherrn Bartholomê gegenüber den 1786 in Aufnahme gekommenen mechanischen „Cartwright"-Webstühlen: "Als er sah, daß bei ihrer Anwendung er einen großen Teil seiner treuen und fleißigen Fabrikarbeiter abdanken müsse, um sich selber zu bereichern, ließ er dieselben auf den Boden stellen und sie wurden bei seinem Leben niemals in Anwendung gebracht" erzählten 1835 Bartholomês Enkelinnen Marie Gogel in Frankfurt (Bildnis-Miniatur im Besitz Erben Professor Herbert Peiper) und Susette Voigt in Jena ihren Kindern.

100 Jahre später erzählte der Ururenkel von Susette Voigt, Herbert Peiper, ebenfalls noch diese Begebenheit seinen Kindern, ein interessantes Beispiel dafür, wie interessante Ereignisse aus dem Leben der Familien noch über nahezu 200 Jahre überliefert werden. Unter den Abnahmeländern der Tuchgroßfirma stand Spanien mit seinen Kolonien an vorderster Stelle. Besondere persönliche Sorgfalt verwendete der Firmeninhaber auf die Pflege der alten Beziehungen zu Italien und insoweit besonders zur Kardinalskurie in Rom.

Bezeugt ist ferner die Tatsache, daß er persönlich in Begleitung zweier Söhne 1774 die für die Königskrönung Ludwigs des XVI. bestellten Ornatstoffe nach Versailles brachte. Sein Haus war als Hoflieferant Ludwigs XVI. befugt, Fabrikate der Firma mit dem Bourbonischen Lilienwappen auszuzeichnen. Als weitere Absatzgebiete nahmen eine bedeutende Stellung Rußland und seine Ostseeprovinzen ein, sowie die Levanteländer, wo die Erzeugnisse des Hauses von Loevenich unter dem Namen "Kronentücher" gehandelt wurden. Letztere Bezeichnung leitete sich ab aus der Fabrik- und Hausmarke, nämlich dem weit verbreiteten Symbol des Ankerkreuzes, das im Übrigen auch die Peipersche Hausmarke ist, über dem jedoch eine Krone angebracht war und die Jahreszahl 1725. Ferner waren in diese Hausmarke die Initialen I.v.L. eingearbeitet. Auf dem Inlandsmarkt spielte im Übrigen die Frankfurter Reichsmesse, die regelmäßig besucht wurde, eine große Bedeutung.

Über die Beziehungen zwischen Goethes Vater und Bartholomê wurde bereits berichtet. Die Beziehungen zu den Frankfurter Handelsherren haben sich unter seinen Kindern und Enkelkindern durch zahlreiche Heiraten vertieft.

Während der Besetzung Burtscheids durch die Franzosen im Jahre 1794 wurde der Geschäftssitz der Firma vorübergehend nach Paderborn verlegt. Wichtig ist auch die Tatsache, daß Bartholomë von Loevenich sich in seinem 62. Lebensjahr 1784 für seine Person den Reformierten angeschlossen hat, als, wie es heißt, in Burtscheid die Mennoniten so selten geworden waren, daß sie sich nicht mehr zu einer Gemeinde versammeln konnten und die mennonitische Kirche im nahen Vaals einging.

Bemerkenswert ist es in diesem Zusammenhang, daß etwa um die gleiche Zeit, in der sich die Familie vom mennonitischen Glaubensbekenntnis abwendet, eine Rückbesinnung auf die adelige Herkunft einsetzt. Zwar ist der Hinweis Ebrard (Fabrikantenfamilie von Loevenich und ihre Herkunft a.a.O. Seite 137) daß die Loevenichs im 17. und 18. Jahrhundert, kein adeliges Wappensiegel, sondern nur ihre Hausmarke geführt hätten, falsch.

Ebrard kannte offensichtlich die Aachener Grabsteine, insbesondere auch des Isaac von Loevenich nicht. Auf diesen Grabsteinen befindet sich ein Wappen, das auf der Herzstelle eine sogenannte Gleve (Bourbonische Lilie) zeigt, darüber und darunter ein sogenannter geschlossener Doppelflug, über dem Wappenschild ein Spangenhelm und über diesem Spangenhelm wiederum eine Gleve, ferner im Wappenschild rechts und links der Gleve, auch im Schildeshaupt und im Schildfuß einen sechsspitzigen Stern. Dieses Wappen entspricht jedoch nicht dem der Aldenhovener Familie. Überliefert ist jedoch, daß sich am 31. Juli 1789 ein Enkelsohn von Alexander von Loevenich, dem Halbbruder von Isaac, der ebenfalls den Namen seines Großvaters Alexander von Loevenich führt und ein Sohn des Bartholomäus (1715 - 1782), verheiratet mit Margaretha Scheuten, war, sowie sein gleichnamiger Enkel Alexander von Loevenich aus Maastricht in Begleitung des kaiserlichen Notars Joh. Nepomuk Quirini und des Malers Ludwig Reumont aus Aachen nach Aldenhoven begeben und einen förmlichen Akt über die in der dortigen Kirche befindlichen wappengeschmückten Familiengräber aufnehmen ließ. Der Maler Reumont mußte sodann das alte seit 1357 bezeugte Stammwappen der von Loevenichs - fünfmal von Gold über Rot geteilt, mit silberner Bracke als Helmzier - abmalen und dem notariellen Akt beifügen (ein Abbild dieses alten Loevenischchen Wappens befand sich im Besitz von Professor Herbert Peiper, ist jedoch im Krieg verlorengegangen).

Aus Bartholomäus Ehe mit Maria von der Leyen sind 6 Kinder hervorgegangen (Ölporträts - Kinderbildnisse - von 4 Kindern befanden sich im Besitz

Bartholomäus v. Loevenich
* 1722 † 1798

**Maria v. Loevenich, geb. v. der
Leyen
* 1723   † 1785**

Nach Originalportraits im Besitz von Helga Peiper (Essen), etwa um 1780

von Professor Herbert Peiper und jetzt seines Sohnes, Prof. Dr. Hans-Jürgen Peiper, eines dieser Bildnisse ist im Krieg verlorengegangen).

Der älteste Sohn war Isaac von Loevenich (1752 - 1820), der zweitälteste Peter von Loevenich (1756 - 1829, Kinderbild - Knabe mit Nest - ; eine seiner Töchter, Maria (Mimi) von Loevenich (1791 - 1866) heiratete 1810 den eng verwandten Kommerzienrat Cornelius von Floh (1783 - 1846) - Ölbilder des Ehepaares im Besitz Nachlaß Prof. Peiper - Mitinhaber der nach dem von der Leyenschen Seidenhaus zweitgrößten Seidenmanufaktur in Krefeld, der Firma Cornelius und Johann Floh, gegründet 1765), der drittälteste Friedrich von Loevenich (1758 - 1895). Der vierte Sohn hieß Bartholomäus von Loevenich (1761 - 1802, Kinderbild - Knabe mit Windhund -). Nachdem Bartholomäus von Loevenich am 25. Mai 1798 gestorben war, setzten seine Söhne Isaac, Bartholomäus und Friedrich die Firma Isaac von Loevenich und Comp., Burtscheid, fort. (Bartholomäus wurde übrigens Schwiegersohn des aus Schottland stammenden Linnéschülers Joh. Andreas Murray-Altholl, 1761 -1791, Prof. der Medizin und Botanik in Göttingen).

Friedrich und Bartholomäus blieben als Inhaber der väterlichen Firma in Burtscheid, erhielten aber ihre Ausbildung zum Teil schon in Frankfurt, wo sich Friedrich der reformierten wallonischen Gemeinde zu Hanau anschloss. Sie errichteten eine Niederlassung ihres Handelshauses in Frankfurt. Bei seinen häufigen Besuchen in Frankfurt lernte Friedrich seine spätere Gattin Charlotte Susanne Hestermann, die ebenfalls zur wallonisch-reformierten Gemeinde in Hanau gehörte, kennen. Ihre Vorfahren waren Handelsherren und Bankiers in Frankfurt u.a. Mitinhaber der ältesten heute noch bestehenden deutschen Privatbank des Bankhauses Koch, Lauteren & Co. Während seiner kurzen Ehe, die er am 30. November 1790 in Frankfurt geschlossen hatte, schenkte ihm seine Frau drei Töchter. Die älteste, 1791 geborene Tochter Marie heiratete in die Bankiersfamilie Gogel, mit der sie über ihre Mutter verwandt war. Die dritte Tochter Sophie heiratete in die Frankfurter Bankiersfamilie Stern. Nur am Rande sei vermerkt, daß Marie Gogels Tochter Sophie später Georg Hauck geheiratet hat, den Begründer des heute noch in Frankfurt bestehenden Bankhauses Georg Hauck & Sohn. Über ihren Vater Gogel und ihre Großmutter Hestermann entstammte sie der Gründerfamilie des Bankhauses Gogel, Koch & Co., das heute, wie erwähnt, als älteste deutsche Privatbank der Firma Koch, Lauteren & Co., gegründet in der Mitte des 16. Jahrhunderts, noch existiert.

Friedrich v. Loevenich
* 1758 † 1795

Charlotte Susanne v. Loevenich
* 1771 † 1835

Peter v. Loevenich
* 1756   † 1829

Kinderbilder von Peter, Maria und Bartholomäus v. Loevenich (v.l.n.r.)
Ölgemälde von Anton Graff, im Besitz von Prof. Dr. Hans-Jürgen Peiper

Susanna Maria von Loevenich,
geb. von der Leyen
14.10.1766 – 02.1852

Peter von Loevenich

14.02.1755 – 26.03.1829

Ölgemälde im Besitz Prof. Dr. Hans-Jürgen Peiper

Nach dem frühen Tod Friedrich von Loevenichs am 26. November 1795 zog seine Witwe wieder in ihre Heimatstadt Frankfurt a.M. Vormund der Töchter wurde bis 1814 ihr Schwager Peter von Loevenich, Bartholomäus überaus befähigter zweiter Sohn. Er ist es auch, an den sich Goethe in einem längeren Schreiben wendet, um seine Einwilligung zu der Heirat seiner Nichte und Mündels Susette mit dem Bergrat und Professor Friedrich Sigmund Voigt zu erhalten.

Bevor auf die Geschichte dieser Heirat eingegangen werden soll, sei kurz auf Peter von Loevenich und die beiden Familienunternehmen eingegangen, die maßgeblich durch Peter von Loevenich mitgestaltet, um die Wende des 18. Jahrhunderts zu einer letzten großen Blüte in enger partnerschaftlicher Verflechtung gelangen.

Peter von Loevenich (1756 - 1829) setzt die von Vater und Großvater her begründete Familientradition einer Heirat mit dem bereits blutsmäßig eng verwandten Hause von der Leyen fort. Am 4. Dezember 1786 heiratet er in der holländischen Kirche zu Krefeld Susanna Maria von der Leyen (1766 - 1852), Tochter des geadelten Geheimen Kommerzienrats Johann von der Leyen, Herrn zu Leyenburg, eines Vetters und Schwagers seines Vaters Bartholomê. Johann von der Leyen war der Bruder von Maria von der Leyen, der Frau Bartholomês.

Es ist dies, wie an dieser Stelle hinzugefügt sei, nicht die letzte Ehe zwischen den Häusern von Loevenich und von der Leyen, denn auch Peters Tochter Emilie heiratete 1821 ihren Vetter Friedrich Johann von der Leyen-Bloemersheim, also wiederum den Sohn eines Vetters und Schwagers ihres Vaters. Mit ihr haben durch vier Generationen hinweg Vettern und Cousinen 1. Grades der beiden großen Textilfabrikantenfamilien Ehebündnisse eingegangen.

Im Jahre seiner Vermählung war Peter von Loevenich bereits königl. Preußischer Kommerzienrat. Ein paar Jahre später wurde er am 19. August 1789 mit Hilfe seines bereits früher geadelten Schwiegervaters Johann von der Leyen in den preußischen Freiherren-Stand erhoben. Die Nobilitierung erfolgte auf Befürwortung des preußischen Staatsmannes Graf Hertzberg, dem Peter von Loevenich einen namhaften Betrag zur Unterstützung der 6000 Brandgeschädigten des Jahres 1787 in Neuruppin beigesteuert hatte. Wie bereits erwähnt, hatte Peter von Loevenich um die gleiche Zeit das Gut Bockdorf bei

Die Familie des Bartholomäus v. Loevenich um 1770
Nach einer Fotographie von einem Ölgemälde
v.l.n.r.: NN, Sibylle, geb. Okt. 1763; Vater; Isaac, geb. 1752; Mutter; Bartholomäus,
geb. 1761; Maria, geb. 1752; Peter, geb. 1756; Friedrich, geb. 1758

Die Voigt'schen Kinder um 1835
Nach einer Originalzeichnung der Malerin Louise Seidler
(im Besitz von Helga Peiper)
v.l.n.r.: unbekannt, Ida Voigt, Mathilde Planck, Theodor

Kempen (heute Kreis Kempen - Krefeld) gekauft. Mit seiner Nobilitierung wurde er Geheimer Kommerzienrat sowie Landstand als "Herr zu Kempen".

Bald nach seiner Heirat gründete er als Teilhaber und Nachfolger seines Schwiegervaters mit seinem gleichgesinnten Freund, eigenen Schwager und Vetter Friedrich Heinrich (seit 1816 Freiherrn) von der Leyen-Bloemersheim (1769 - 1825) Baron de l'Empire (1813), der von 1800 bis 1805 Maire von Krefeld war, die Firma "Friedrich Heinrich von der Leyen und Peter von Loevenich" in Krefeld.

Am 31. August 1804 empfing Peter zusammen mit seinem Schwager Friedrich Heinrich als "Colonel de la Garde d'Honeur â Cheval" Kaiser Napoleon I.

Der Kaiser übernachtete anlässlich des Besuches im Hause von der Leyen in Krefeld. Wenige Jahre später nahm Kaiser Napoleon I. nach der Schlacht von Jena im Hause einer Nichte des Freiherrn von der Leyen in Jena Quartier, im Hause von Susette Voigt. Im Jahre 1816 wird Peter von Loevenich königlich Kammerherr und 1821 stieg König Friedrich Wilhelm III. bei ihm in seinem Hause zu Krefeld, Friedrichstr. 27 ab.

Wie waren nun die Verhältnisse der beiden Häuser von Loevenich und von der Leyen, die Kaiser und Könige durch ihre Besuche geehrt hatten, in dieser Zeit. Hierzu kurz folgendes:

In der napoleonischen Zeit arbeitete die Firma Isaac von Loevenich in Burtscheid mit einem Kapital von rd. 1 Million Franken. Noch bedeutender waren die Verhältnisse der Firma von der Leyen in Krefeld. In ihrer Blütezeit lagerten in der Friedrichstraße zu Krefeld, den Fabrikationsräumen der Firma, Rohstoffe im Wert von über 400.000 Reichsthalern. Dazu kamen fertige Waren im Gegenwert von nahezu 500.000 Reichsthalern. An nahezu 1.000 Webstühlen waren in dieser Zeit etwa 5.000 Arbeiter beschäftigt. Der Umsatz des Unternehmens erreichte 1,7 Mio. Reichsth., ein Umsatz, mit dem das Familienunternehmen nahezu 90 % der gesamten Krefelder Produktion auf dem Gebiet der Samt- und Seidenherstellung auf sich vereinigte.

Die Bedeutung der Krefelder Samt-und Seidenproduktion wird vielleicht auch durch die Tatsache unterstrichen, daß bereits Friedrich Wilhelm I., der Soldatenkönig, seinen Werbern verbot, im Gebiet der Stadt Krefeld Soldaten anzuwerben. 1802 kauft Friedrich Heinrich von der Leyen das Gut Bloemersheim, das neben dem 1943 völlig zerstörten Schloß Meer bei Büderich in der Nähe von Düsseldorf fortan zu den Landsitzen der Familie gehört. Das mittelalterliche Wasserschloß Bloemersheim bei Neunkirchen-Vluyn, etwa 15 km nördlich von Krefeld, ist noch heute im Besitz eines der letzten männlichen Nachkommen von Friedrich Heinrich von der Leyen.

In die folgenden Jahre fällt nun die Verlobung von Friedrich von Loevenichs Tochter Susette mit Friedrich Sigmund Voigt. Über die Bedeutung und Persönlichkeit Friedrich Sigmund Voigts hat sein Ururenkel, Professor Dr. Albrecht Peiper, in seinen Lebenserinnerungen ausführlich berichtet (Albrecht Peiper, Erinnerungen eines Kinderarztes, Leipzig 1967). Auch Susette Voigt hat ausführliche Lebenserinnerungen geschrieben, deren handschriftliches Manuskript Herbert Peiper in seinem Elternhaus in Greifswald, als er den auf dem Speicher verwahrten Nachlaß von Susette Voigt sichtete, neben einigen Goethe-Briefen, entdeckte. Leider ist dieses handschriftliche Manuskript z.Z. verschollen. Es kann aber angenommen werden, daß Abschriften dieser Lebenserinnerungen noch vorhanden sind und sich bei den Nachkommen des Sohnes von Susette Voigt, Theodor Voigt, erhalten haben. Jedenfalls stützt sich auf die Goetheforschung, die in verschiedenen Veröffentlichungen den Beziehungen zwischen der Familie Voigt und Goethe nachgegangen ist, auf diese Lebenserinnerungen der Susette Voigt (Goethe-Jahrbuch, herausgegeben von Ludwig Geiger VII, Frankfurt/M. 1886, Seite 152 ff., Jahrbuch der Goethegesellschaft, herausgegeben von J. D. Gräf IX, Weimar 1922, Seite 277 ff.). Ludwig Geiger hat in seinem Beitrag im Goethe-Jahrbuch 1886 zwölf Briefe Goethes an Voigt herausgegeben und folgende Einführung zur Person von Friedrich Sigmund Voigt diesen Briefen vorangestellt:

"Obgleich er Medizin studiert hatte und auch später in Jena Professor der Medizin wurde, wandte er sich doch schon früh speziell den beschreibenden Naturwissenschaften zu und war bei Goethes Farbenlehre beteiligt. Da infolge des Krieges das Land damals finanziell arg zerrüttet war, soll Goethe dem Großherzog den Vorschlag gemacht haben, künftig nur solche Professoren anzustellen, die eigene Mittel besäßen oder in Ermangelung dessen Sorge zu tragen, daß die jungen Professoren wohlhabende Frauen bekämen."

Wie weit nun dieser Wunsch Goethes bei der nachmaligen Verlobung von Susette von Loevenich mit Friedrich Sigmund Voigt Pate gestanden hat, mag dahingestellt sein. Susette Voigt schreibt über ihre Verlobung folgendes:

"Im Frühjahr 1813 verlobte ich mich in Frankfurt a.M. mit dem Professor Voigt aus Jena, welchen ich schon einige Jahre früher auf seiner

Durchreise nach Paris und zurück kennengelernt hatte. Seine Kenntnisse und Unter-haltungen stachen so bedeutend von meinen Bekannten, Frankfurter jungen Kaufleuten ab, daß ich mich nicht besann, seinen Heiratsantrag anzunehmen. Er lebte in Weimar in sehr geschätztem Umgang mit den größten damals lebenden Gelehrten und war ein ganz besonderer Freund unseres Landmannes Goethe. Mein Vormund und Oheim, Freiherr von Loevenich in Crefeld, war mit diesem Antrag keineswegs zufrieden. Meine Mutter bat aber ihren Vetter Friedrich Schlosser, der durch seine Frau eine geborene Dufoi[121] die nahe mit uns verwandt war, sich bei Goethe nach Voigt zu erkundigen, welcher denselben so vorteilhaft schilderte, daß mein Oheim nichts mehr dagegen sagen konnte."

Goethes Antwort vom 15. Oktober 1813 ist uns in der 1877 von Julius Frese besorgten Ausgabe "Goethes Briefe aus Fritz Schlossers Nachlaß" erhalten.

Der Brief lautete:

Fast möchte ich wünschen, daß Sie mein Theuerster, um wegen unseres Bergraths Voigt nähere Erkundigungen einzuziehen, sich an jemand anders gewendet hätten; denn ich muß voraus bemerken, daß mein Zeugnis über ihn nur partheyisch sein kann. Als ich ihn vor mehreren Jahren kennen lernte, mußte ich sowohl seinen Studien, als auch seiner Lebensweise meinen vollen Beifall geben; und ich habe daher zu allem, was ihn fördern konnte, beigetragen. Die Obsorge für unser Botanisches Institut in Jena, seine Reise nach Frankreich und eine neue Einrichtung für die Naturforschende Gesellschaft, deren beständiger Sekretär er ist, und manches andere ist ihm nicht ohne meinen Einfluß erteilt worden, und ich habe durchaus mit Vergnügen gesehen, wie schön er diese Stellen und Gelegenheiten zu seinem und dem Vortheil anderer genutzt hat. Er ist niemals stille gestanden und hat seine Kenntnisse sowohl als Wirksamkeit immer thätig ausgebreitet. Ja, es wäre nicht zuviel gesagt, wenn man behauptete, daß er die Verdienste seines Vaters und Oheims, begünstigt durch sein eigen Naturell und durch die hohe Cultur des Jahrhunderts, in sich vereinige.

---

[121] die Mutter von Charlotte Susanne Hestermann, Maria Elisabeth Susanne Hestermann - 1747 bis 1822 - war eine geborene du Fey, die Schreibweise des Namens du Fey schwankt zwischen Dufoi und du Fay, bei der Familie handelt es sich um eine Hanauer Hugenotten-Familie.

Friedrich Siegmund Voigt
* 1781   † 1850
Großherzgl. Sächs-Weimar.
Geheimer Rat
Dr med. et phil., Prof. d. Medizin
u. Botanik zu Jena

Voigt nahm in seiner umfangreichen
wissenschaftlichen Arbeit mit eingehender
Begründung die Darwin'sche
Entwicklungslehre vorweg. Er beeinflußte
die Goethe'sche Farbenlehre.

Hauptwerk: „Grundzüge einer
Naturgeschichte als Geschichte der
Entstehung und weiteren Ausbildung der
Naturkörper". Frankfurt/M., 1817

Mathilde Planck
* 1819   geb. Voigt   † 1847

Beide Bilder nach Original-Zeichnungen
von J. H. Schramm 1845.
Besitz der Bilder unbekannt

Durchlauchter Herzog schätzen ihn sehr und haben ihn motu proprio auf mancherlei Weise begünstigt und ausgezeichnet. Was dieses alles außer dem wissenschaftlichen auch für sittliche Eigenschaften voraussetzt, werden Sie selbst ermessen.

Sollte hierauf die beabsichtigte Verbindung zu Stande kommen, so würde blos der Wunsch übrig bleiben, daß das Glück das junge Paar begünstigen und ihnen eine lange Dauer eines zufriedenen Zusammenseyns gewähren möge. Jena und Weimar sind so nahe beisammen, daß wir uns wohl als Stadtnachbarn betrachten können, und so werde ich mit den Meinigen sehr gern beitragen, damit das Frauenzimmer sich nicht von den ihrigen entfernt, sondern fortwährend in dem Schoß ihrer Familie zu wohnen glaube. Mehr sage ich nicht und schließe mit den besten Wünschen und Empfehlungen."

Goethes Verhältnis zu dem Ehepaar Voigt war auch in der Folgezeit ein besonders herzliches und freundschaftliches, das weit über den wissenschaftlichen Gedankenaustausch, den er mit Friedrich Sigmund Voigt pflegte, hinausging.

Besonders seiner Landsmännin Susette Voigt, der "kleinen Löbenicht" trat er besonders herzlich gegenüber und zahlreich sind die Erwähnungen seines Umgangs mit ihr. So schreibt die Malerin Louise Seidler in ihren Erinnerungen (Erinnerungen und Leben der Malerin Louise Seidler, aus handschriftlichem Nachlaß zusammengestellt und bearbeitet von Hermann Uhde, zweite Auflage, Berlin 1875) folgendes:

"Überhaupt gedachte der gütige Dichter, sobald sich in der Kunstwelt irgend etwas Wichtiges ereignete, jedesmal meiner, sowie seiner Landsmännin Susette Voigt, meiner geistreichen Freundin, mit deren Gatten er in häufigem Verkehr stand. Nicht leicht ließ Goethe eine besondere Gelegenheit vorübergehen, ohne uns durch eine Anzeige oder Einladung seine Aufmerksamkeit zartsinnig zu beweisen."

Wie eng die Verbindung zu Goethe gewesen sein muß, ergibt sich allein aus der Tatsache, daß Goethe im Jahre 1815 im Voigtschen Hause zu Jena, das unmittelbar am Botanischen Garten lag, eine Wohnung für seine häufigen Aufenthalte in Jena mietete. In diesem Hause hatte, wie bereits erwähnt, allerdings bevor Susette Voigt Hausherrin geworden war, Napoleon nach der Scrlacht von Jena ebenfalls gewohnt. Über die Anmietung der Wohnung im

Hause Voigt durch Goethe ist uns Näheres durch einen Brief Goethes an Louise Seidler, den sie in ihrem Memoiren (a.a.O. Seite 126) zitiert, bekannt. Goethe schrieb seinerzeit folgendes:

"Indem ich Sie, liebste Freundin, zum schönsten begrüße, ersuche ich Sie um eine kleine Gefälligkeit. Ich habe nämlich Bergrath Voigt zu verstehen gegeben, daß ich seine untere Etage für Großherzogliche Commission künftig zu miethen wünsche. Bey Bischoffs habe ungefähr denselben Raum, nebst Küche, nur nicht so schicklich und freundlich; dazu Meubles, Betten, Tischzeug und Servis und andere Kleinigkeiten. Wir zahlen dafür überhaupt 48 Thlr. - sage acht und vierzig Thaler!

Ob ich nun zwar in dem neuen Quartier gleiche Bedingungen nicht erwarte, so muß ich doch da es nicht meine, sondern eine Commissionssache ist, ehe wir weitergehen freundlich anfragen, was die Hausbesitzer etwa verlangen, was sie dafür leisten und wie wir uns arrangieren könnten. Gedenken Sie mein in Ihrem schönen Vereine und besuchen Sie uns bald.

Mit den besten Wünschen zu den Feyertagen und dem neuen Jahr Weimar, den 20. Decbr. 15, der Ihrige

           Goethe"

Louise Seidler schreibt sodann weiter:

"Ich besorgte den erhaltenen Auftrag so schleunig wie möglich; Bergrath Voigt schrieb seine Bedingungen nieder und händigte mir das Blatt ein."

Über ihre Beziehungen zu Goethe berichtet Susette Voigt in ihren Lebenserinnerungen selbst folgendes:

"Ließ auch die kleine arme Stadt (Jena) manches zu wünschen, so gab der gesellige Verkehr die vollste Entschädigung.

Goethe war unser Nachbar und brachte den Abend gern bei uns zu. Das waren glückliche Stunden; er sorgte mit väterlicher Liebe für mich. Als ich in Weimar war, bezeugte er dies gar vielfältig. Auch die liebenswürdige Großherzogin Louise, die Gattin von Carl August, ließ mich zu sich bitten, sowie die Großfürstin Maria Paulowna. Sie überhäuften mich mit Theilnahme und Güte. Goethe ließ seine besten Theaterstücke aufführen, welche wir mit ihm in seiner Loge genossen. So war denn meine erste Zeit in Jena in vieler Hinsicht reich und schön. Die vorzüglichen Gelehrten verschönerten uns die damaligen Tage. Humbold und viele andere Freunde meines Mannes besuchten uns häufig. Auch die Witwe Schillers lernte ich zwar als Erblindete kennen. Deren Schwester Frau von Wolzogen lebte auch in Jena und wurde mir eine treue, liebreiche Freundin."

Auch Theodor Voigt, ein Sohn Susannes Voigt und Bruder unserer Ururgroßmutter, (Mathilde Planck geb. Voigt) hat sich zu den Beziehungen seiner Eltern zu Goethe geäußert:

"Nenn Goethe sich in Jena aufhielt, kam er oft zu meinen Eltern, Frommanns oder Knebels, um ein Theaterstündchen zu verschwatzen. wußte man, daß er kam, dann wurden gewöhnlich rasch noch einige intime Freunde, wie die oben genannten, auch wohl Frau von Wolzogen, gebeten. In diesen kleinen Vereinigungen wurden auch zuweilen Gedichtchen gemacht, die wohl meist der Welt vorenthalten blieben. Alles drehte sich hier natürlich um Goethe."

Es würde sicherlich zu weit führen, im Rahmen dieses Berichtes allen Quellen, die über die Beziehungen zwischen den Voigts und Goethe berichten, nachzugehen.

Zum Abschluß sei kurz noch aus einem Brief Goethes vom 9. Janaur 1831, den Goethe ein gutes Jahr vor seinem Tode und nach schwerer Krankheit an Friedrich Sigmund Voigt gerichtet hat, zitiert:

"Bewahren Sie nebst Ihrer lieben Frau, meine Landsmännin, Ihre gütigen Gesinnungen einem Freunde, den es im Innersten freut, daß ihm noch für diesmal verstattet wurde, dem wilden Fährmann den Rücken zu kehren."

Ein gutes Jahr später nahmen die Voigts am Begräbnis Goethes, nachdem sie zuvor der in halb sitzender Stellung aufgebahrten Leiche letztes Gedenken und letzte Ehrung gewidmet hatten, teil (Vergl. A. Peiper a.a.O.. Seite 27 f).

An dieser Stelle sei nochmal auf die Mutter von Susette von Loevenich, Charlotte Susanne von Loevenich geb. Hestermann, zurückgekommen, die ebenfalls in den Lebenserinnerungen von Louise Seidler mehrfach erwähnt wird, zumal sie mit Louise Seidler im Jahre 1818/19 eine Italienreise machte, die sie gemeinsam nach Rom und Neapel führte. Louise Seidler (Erinnerungen a.a.O. Seite 162 f) schreibt darüber:

"Ich hatte in Jena die Mutter meiner Freundin Susette Voigt, Frau von Loevenich kennen gelernt, eine wohlhabende, resolute Witwe, die in Frankfurt lebte. Diese hatte einen Bruder in Neapel, dem sie längst einen Besuch zugedacht hatte; und als ich bei ihr anfragte, ob sie die Reise nach Italien mit mir unternehmen wolle, erhielt ich beinahe umgehend eine bejahende Antwort."

Diese Reise begann sodann am 19. September 1818 in München. Louise Seidler berichtet hierüber weiter:

"Mit Ungeduld erwartete ich Frau von Loevenich; endlich traf diese aus Frankfurt ein und wenige Tage später erschien mit dem 19. September 1818 der letzte Tag, die letzte Nacht, die ich in München zubrachte. Kein Schlaf kam in meine Augen; ich zählte die Stunden und Viertelstunden, bis die Glocke fünf Uhr verkündete. Der Wagen fuhr vor.

Mein Herz pochte gewaltig; kaum fand ich Ruhe und Zeit, der mich in der Chaise bereits erwartenden Reisegefährtin "Guten Morgen" zuzurufen. Nur schwer gelang es mir, meine Aufregung zu bemeistern; ich faßte mich endlich so gut es ging und stieg ein. Der Kutschenschlag fiel zu, die Pferde zogen an, und hinaus ging es in den dampfenden Morgennebel. Welch ein Unterschied, wenn die jetzige Jugend nach Rom reist!

Kaltblütig steigt man in den Eisenbahnwagen, in das Dampfschiff, und landet in Civita-Vecchia, erreicht das herrliche Roma auf dem kahlsten Wege und gelangt durch unbedeutendes Straßengewinkel zum Hotel. Weit poetischer kamen Schinz, Frau von Loevenich und ich an das Ziel unserer Sehnsucht; über die blauen Berge, quer durch Tirol ziehend, erreichten wir aller Künstler gelobtes Land, - das sonnige Italien."

In Rom wohnten Frau von Loevenich und Louise Seidler im Hause eines Bildhauers, Wand an Hand, wie sie berichtete, den Historienmalern Schnorr von Carolsfeld und Friedrich Olivier. Im Frühling des Jahres 1819 reiste Louise Seidler sodann nach Neapel, wohin ihr Charlotte Susanne von Loevenich bereits vorausgegangen war. Sie traf dort Frau von Loevenich im Hause ihres Bruders und berichtet über diesen Besuch (Seidler, Erinnerungen a.a.O. Seite 273 f):

"Am nächsten Morgen machte ich Frau von Loevenich, die bei ihrem in Neapel ansässigen Bruder wohnte, einen Besuch. Ich traf sie nicht zu Hause, allein Herr Hestermann (so hieß der Bruder) empfing mich mit ausgesuchter Grandezza, seine kleine, hübsche Frau, eine Neapolitanerin, mit Herzlichkeit. Hestermann war ein eigentümlicher Kauz; um reich zu werden, hatte er bereits die tollsten Spekulationen unternommen, die aber fast alle gescheitert waren. Unter Anderem hatte er die nahe Felseninsel Nisita, auf welcher nur ein Hospital für ansteckende Kranke erbaut war, an sich gebracht, in der Absicht, dieselbe mit Pflanzen und Tieren fremder Zonen zu beleben und eine Sehenswürdigkeit ersten Ranges daraus zu schaffen. Aber die Tiere starben und die Pflanzen gingen aus; von der ganzen Herrlichkeit blieb nichts übrig als die Karten und Pläne der Insel (welche fast den einzigen Wandschmuck des Hestermannschen Salons bildeten), und der stolze Titel eines "Prinzen von Nisita", den sich der Spekulant aus eigener Machtvollkommenheit beigelegt. Noch immer gebärdete er sich wie ein Theaterkönig, sprach pathetisch und ging gravitätisch. Übrigens war er eine ehrliche Haut; trotz seiner Bizarrerie lernte ich ihn schätzen, da er mir, wo er nur konnte, gefällig und nützlich war."

Die von Louise Seidler erwähnte Insel mit dem Tiergarten ist mir aus den Erzählungen meines Vaters, Herbert Peiper, noch bekannt. Mein Vater erzählte allerdings, daß die Loevenichs eine Insel besessen hätten, auf der sie einen Garten mit exotischen Tieren angelegt hätten. Vielleicht handelt es sich um eine Verwechselung mit der Hestermannschen Insel. Möglicherweise stammt auch die Insel aus Loevenichschem Besitz. Auch Susette Voigt soll nach den Erzählungen meines Vaters eine Italienreise gemacht haben, von der sie die großen Kupferstiche aus der Apostelgeschichte, die in Berlin im Flur hingen und die im Kriege verlorengegangen sind, mitgebracht hat.

Bei dem Rahmen dieser Stiche, die durch unseren Vater von Geheimrat Ebrard erworben wurden, wurde hinter einem dieser Stiche die Sephia-Zeichnung des Malers Peipers, die den Ausbruch des Vesuvs im Jahre 1834 darstellt, gefunden.

Dieses Bild befindet sich bekanntlich noch in unserem Besitz.

Über das weitere Leben von Susette Voigt, sind wir, solange ihre Lebenserinnerungen nicht wiedergefunden werden, auf Vermutungen angewiesen.

Zunächst aber darf sicherlich davon ausgegangen werden, daß Goethes Wunsch "daß die jungen Professoren wohlhabende Frauen bekämen" die Verbindung von Friedrich Sigmund Voigt mit Susette von Loevenich sicherlich in Erfüllung gegangen ist, wenngleich auch die Bedeutung dieser Ehe nicht in diesen äußerlichen Umständen zu suchen ist. Immerhin dürfte jedoch das Erbe, daß Friedrich von Loevenich seinen drei Töchtern hinterließ, bedeutend gewesen sein und zu einem sehr sorgenfreien Leben der Voigts in Jena beigetragen haben.

Daß Friedrich Sigmund Voigt nicht immer über die Mittel verfügen konnte, die er benötigte, beweist ein Brief Alexander von Humboldts an ihn, der in der Familie erhalten ist (im Besitz von Professor Edmund Stengel, Marburg, zitiert bei A. Peiper a.a.O. Seite 24). Dieser Brief hatte folgenden Wortlaut:

"Ich weiß, Sie sind Ihrer Abreise nahe, teurer Herr Professor, Sie sind nicht reich mit Geld versehen und Sie unterlassen manches zu kaufen, was Ihnen möglich sein könnte. Erlauben Sie mir, daß ich Ihnen eine Anweisung von 1000 Franken sende. Sie zahlen mir diese Summe, wann Sie wollen vor oder nach?, in 5~6-10 Jahren zurück. Ich fühle, es liegt nichts Beleidigendes in diesem Schritte. Sie würden dasselbe für mich tun und mehr. Ich hoffe, die Freude zu haben, diese Woche mit Ihnen zu essen.

Sonntag Humboldt"

Ein weiterer Brief Alexander von Humboldts (ebenfalls im Besitz von Professor Edmund Stengel, zitiert bei A. Peiper a.a.O.) lautete:

"Ich antworte Ihnen, teuerster Herr Hofrat, in derselben Stunde, in der ich Ihren Brief empfange. Jedes Andenken von einem geistreichen Naturforscher, wie Sie, ist mir wert. Ich erinnere mich mit Freuden der Stunden, die ich mit Ihnen verlebt. Was reden Sie vor Kapital und Zinsen. Ich bitte Sie dringend selbst an das unbedeutende Kapital nur dann zu denken, wenn Sie so im Überflusse sind, daß Sie alle Bücher kauften, die Ihrem Studieren nützlich sind. Unter Menschen, die wie Sie und ich, zu den gelehrten Ständen gehören, leistet man sich solche Dienste gern, glücklich, wenn sie einen braven Landsmann betreffen. Jede Ihrer Schriften wird mir willkommen sein. Ich höre von allen Seiten, daß unser Jena (dem ich einst angehörte) von neuem erblüht, wachsend an innerer Kraft und frohem Aufstreben und edlem politischen Freiheitssinne.

Innige Grüße Ihrem guten Vater und dem größten unserer Zeitgenossen,
Goethe, der mich stets so väterlich gelabt und gepflegt hat.

Al. Humboldt"

Der in diesem Brief erwähnte Vater von F. S. Voigt, Johann Heinrich Voigt (1751 - 1823) war Professor der Mathematik in Jena. Er war verheiratet mit Charlotte, Sophie, Henriette Blumenbach, einer Schwester des berühmten Naturforschers J. Sr. Blumenbach in Göttingen (1752 - 1840). Der Bruder des Vaters war der Weimaraner Staatsminister und Geheimrat Christian Gottlob von Voigt (1743 - 1819) als Staatsminister Kabinettkollege von Goethe und ebenfalls ein enger Freund desselben, der in den erblichen Adelsstand erhoben worden war.

Susette Voigts Tochter Mathilde, geb. in Jena am 15. März 1819, heiratete am 25. März 1843 in Jena den jungen Professor der Rechte in Basel Wilhelm Planck, der aus einer berühmten Gelehrten-und Theologen-Familie aus Göttingen stammte. Er hatte in Göttingen und Jena studiert. Vermutlich hat er in Jena Zutritt zum Hause Voigt gefunden. Bereits im Alter von 25 Jahren wurde er als Ordinarius für Jurisprudenz nach Basel berufen. In der kurzen Zeit ihrer nur vierjährigen Ehe, Mathilde Planck starb in Greifswald am 29. Juni 1847, wurden ihnen zwei Kinder geschenkt, Emma und Hugo. Emma heiratete in Kiel, wo ihr Vater nach vorübergehender Tätigkeit in Greifswald Ordinarius geworden war, den nachmaligen Geheimen Medizinalrat und Professor der Augenheilkunde Rudolf Schirmer. Ihr Vater Wilhelm verheiratete sich 1849 in Greifswald ein zweites Mal mit Emma geb. Patzig (1821 - 1914). Aus dieser Ehe entstammt neben weiteren Geschwistern Max Planck. Wilhelm Planck wurde 1867 in Krönung seiner hervorragenden wissenschaftlichen Laufbahn als Rechtsgelehrter an die Universität München berufen. Dort wurde er zum Wirklichen Geheimrat mit dem Titel Exzellenz ernannt und wegen seiner besonderen Verdienste als Wissenschaftler in den persönlichen Adelsstand als Ritter von Planck erhoben. Von seinen zahlreichen Schriften sind besonders hervorzuheben: Systematische Darstellung des Deutschen Strafverfahrens" (Göttingen 1857), "Das deutsche Gerichtsverfahren im Mittelalter" (2 Bde., Braunschweig 1879), "Lehrbuch des deutschen Zivilprozeßrechts" (2 Bde., München 1887 - 96).

Nachdem sich ihre Enkeltochter Emma Planck 1863 nach Greifswald verheiratet hatte, muß Susette Voigt in diesen Jahren nach Greifswald gezogen
sein.

Joh. Jul. Wilhelm von Planck
* 1817 † 1900
Wirkl. Geheim. Justizrat, Dr. iur., Prof. d. Rechte
in München
Bedeutender Rechtsgelehrter

Hauptwerke: „Das deutsche Gerichtsverfahren im
Mittelalter" (2 Bde., Braunschweig, 1879)
„Lehrbuch des dt. Civilprozessrechts" (2 Bde., Mnchen
1887-96)
Nach einem Originalgemälde im Besitz der Universität
Greifswald

Susanne Voigt um 1870

Ihr Gatte Friedrich Sigmund Voigt war bereits im Jahre 1850 verstorben. Es darf wohl davon ausgegangen werden, daß auch sie es gewesen war, die die Mittel dazu beisteuerte, daß der Mann ihrer Enkeltochter, Rudolf Schirmer, im Jahre 1874 in der Bahnhofstraße 52 ein für Greifswalder Verhältnisse sehr großzügig ausgestattetes Wohnhaus errichten konnte, in dem sich zwei Wohnungen befanden. Wir dürfen wohl weiter davon ausgehen, daß in einer dieser Wohnungen Susette Voigt ihren Witwensitz nahm. Sie ist in diesem Hause sodann am 1. Januar 1877 verstorben. Ihr Grab befindet sich auf dem alten Friedhof in Greifswald, an der Wolgaster Chaussee, wo sich auch die anderen Schirmerschen - Peiperschen Familiengräber befinden.

Es ist auch heute noch erhalten.

Ihr Vermögen dürfte ihren Kindern (Ida, verh. Hermann, Theodor und Mathilde, verh. Planck - Zeichnung dieser Kinder mit einem vierten unbekannten Kind im Besitz von Hans Peiper, Kanada; letzteres Bild wurde von meinem Vater im Nachlass von Mathilde Voigt auf dem Speicher in Greifswald entdeckt und war ihm von seinen Eltern für später zugedacht) und da ihre Tochter Mathilde Planck nicht mehr lebte, ihren Enkelkindern Emma Schirmer und Hugo Planck zugeflossen sein. Insbesondere auch von Hugo Planck weiß ich aus Erzählungen von meinem Onkel Ulrich Peiper, daß er sehr vermögend gewesen ist, so daß man, da keines seiner sechs Kinder ihn überlebte und verheiratet gewesen ist, gehofft hatte, daß seine Erbschaft einmal den Kindern seiner Schwester Emma Schirmer zufallen würde. Diese Erwartung ist jedoch nicht eingetreten.

Hugo Planck hat zwar nicht die Bedeutung und die Berühmtheit seines Halbbruders Max Planck erlangt, hat es jedoch in seinem Beruf als Richter zu großem Ansehen und Ehren gebracht. Er wurde einer der ersten Senatspräsidenten am Reichsgericht, wirklicher Geheimrat mit dem Titel Exzellenz und zum Dr.jur.e.h. promoviert.

Vieles ließe sich sicherlich noch zu Susette Voigt, ihrer Familie – Vorfahren wie Nachkommen ~ berichten. Dies sollte jedoch nur ein erster Versuch sein, etwas aus ihrem Leben und von ihrer Herkunft für die vielen noch lebenden Nachkommen und für spätere Zeiten zu erhalten. Aus Gesprächen weiß ich, daß die meisten Nachkommen in meiner Generation nur noch wenig, wenn überhaupt etwas über Susette Voigt und die Familien von Loevenich und von der Leyen wissen. Männliche Nachkommen, die auf Bartholomäus von Loevenich und Maria von der Leyen zurückgehen, gibt es im Übrigen nicht.

Die Familie von Loevenich besteht jedoch in einem Zweig, der auf den Halbbruder von Isaac von Loevenich, Alexander von Loevenich gen. von Oorsfeld, zurückgeht, auch heute noch, insbesondere in Bayern fort.

Essen, im Oktober 1979

Ulf Peiper

Auszug aus dem im Stadtarchiv Aachen aufbewahrten Taufregister der reformierten Gemeinde von Burtscheid
(Ba. IX S. 76).

Anno 1792 den 23. September gebohren, den 30 dito getauft
    Maria Susanna

Eltern: Friedrich von Löwenich
          Charlotte Susanna Hestermann

Taufzeugen: Barth (olomaeus) von Löwenich,
                Maria von der Vliet nêe von Löwenich
                Susanna von Löwenich nêe von der Leyen.

Anmerkung:
Bei den Taufzeugen handelt es sich um folgende Personen:
1.) Bartholomäus, der Großvater des Täuflings, der in seinem 70. Lebensjahr stand.
2.) Maria, 1752 - 1811, ist die älteste Schwester von Friedrich von Löwenich. Sie hatte im Jahre 1777 in Burtscheid Cornelius David van der Vliet, der der evangelischen Bruder-Gemeinde in Zeist anhing, geheiratet. Cornelius David van der Vliet gründete mit seinem Bruder in Amsterdam die Firma Gebrs. van der Vliet. Diese Firma betrieb Kommissionsgeschäfte für die verschiedenen blühenden Familien-Fabriken in Burtscheid und Krefeld.
3.) Susanna von Löwenich, 1766 ~ 1852 ist die Frau von Peter von Löwenich, dem Bruder von Friedrich zugleich Tochter des geadelten Geheimen Kommerzienrats Johann von der Leyen, Herrn zu Leyenburg, 1734 - 1795, dem Bruder der bereits verstorbenen Mutter Maria von Löwenich und ein Vetter ihres Vaters Bartholomê.
Der gemeinsame Grabstein Peter und Susanna von Löwenich geb. von der Leyen mit den Marmor-Allianz-Wappen der Familien von Löwenich und von der Leyen, der früher auf dem alten Friedhof in Krefeld war, befindet sich jetzt im Heimat-Museum Krefeld.

Zivil-Stand der Stadt Frankfurt a.M.
Auszug aus dem Heirats-Buch, Jahr 1814, Seite 506.
Num. 87.   M a j u s
                  Copulierte in Frankfurt
                  Montag, den 30. May 1814

V o i g t, S. T. Herr Friedrich Siegmund, Medicinae et Philosophiae Doctor,
      Professor Medicinae Extraord. zu Jena wie auch Herzogl.Sachsen-
      Weimar und Eisenachischer Bergrath des Herrn Doctoris Johann
      Heinrich Voigt herzogl. Weimarischen . Hofraths u. der Physik und
      Mathematik ordentl. Lehrer zu Jena,und dessen verstorbenen
      Ehegattin Frau Charlotten Sophien Henrietten, einer geb. Blumenbach
      ehel. Sohn, geboren den 2. Oct. 1781 zu Gotha

mit

Jungfer Maria Susanna von Löwenich
      des verstorbenen hiesigen Bürgers und Handelsmanns Herrn Friedrich
      von Löwenich und dessen annoch lebenden Ehegattin Frau Charlotten
      Susannen einer geb. Hestermann ehel. Tochter, geboren den 23. Sept.
      1792 zu Burtscheid laut prot. Taufschein.

Nachwort

Wenn ich mich der Aufgabe unterzogen habe, die Chronik der Familienereignisse von Erich und Anna Peiper als eines der wichtigen Familiendokumente, die uns - der Generation der Enkel und ihrer Kinder – aus dieser Zeit über den Krieg hinaus erhalten geblieben sind, in einem ihrer Bedeutung entsprechenden äußeren Rahmen einem weiteren Kreis zugänglich zu machen, so haben mich neben vielen Erwägungen insbesondere folgende Gründe hierzu bewogen:

Es war nicht allein die selbstverständliche Pflicht, allen Nachkommen ein Familiendokument bekanntzumachen - um dieses Anliegen zu erfüllen, hätte vielleicht eine einfache Fotokopie oder Abschrift genügt – meine Auffassung war vielmehr, dem Lebensbericht unserer Großeltern einen äußerlich würdigen und durch begleitende Bilder noch unmittelbareren Rahmen für den Leser unserer oder nachfolgender Generationen zu schaffen.

Das wesentliche an dieser Chronik ist, wie ich meine, nicht so die in ihrer Sprache dem Anliegen angemessene Aufzeichnung der Ereignisse eines vierzigjährigen Familienschicksals. Das Besondere liegt vielmehr in der Tatsache, dass diese Chronik und noch mehr der Geist, der aus ihr spricht, für uns das Elternhaus unserer Eltern mit seiner Liebe und Güte lebendig werden lässt, aber auch die Ernsthaftigkeit des Strebens und die Hingabe an die beruflichen Pflichten eines großen Arztes, Forschers und Lehrers, wie unser Großvater es war, vermittelt. Umwelt und Eigenschaften, die die Kinder des Hauses geprägt haben.

So ist diese Chronik eigentlich die Ergänzung zu den Erinnerungen an unsere eigene glückliche Kindheit, wie unsere Eltern sie uns gegeben haben.

Wenn ich dieser Chronik einen Rückblick auf die Herkunft von Susanne Voigt und die Familie von Loevenich angefügt habe, so insbesondere auch aus dem Anliegen heraus, die Verbindungen und Einflüsse dieser bedeutenden Familie bis in die Greifswalder Tage unserer Großeltern hinein nicht in Vergessenheit geraten zu lassen. Immerhin hat Susanne Voigt noch mit ihrer fast zehnjährigen Urenkelin Anna Schirmer-Peiper im Haus und Garten der Bahnhofstr. 52 gelebt. Ihre Persönlichkeit ist die eigentliche Brücke zu ihrer Familie aus Burtscheid, wo ihr Großvater Bartholomäus, dessen Geist in unserem Haus weitergelebt hat, sie 1792 aber die Taufe gehalten und ihre ersten Lebensjahre begleitet hat. Meine Hoffnung geht dahin, ihre Lebenserinnerungen noch in einer Abschrift bei ihren Nachkommen zu entdecken. Sie sind sicherlich nicht nur wegen der Zeit in Jena und Weimar und der Beziehung zu Goethe von Bedeutung.

Ein besonderes Anliegen war es mir schließlich, eine Bildfolge aller Vorfahren zu den von Loevenichs hin, wie sie in ihrer Lückenlosigkeit sicherlich selten sein wird, zusammenzustellen. Bis auf die Frau von Bartholomê von Loevenich, dem Älteren, sind hier Bildnisse aller Ahnen aus zehn Generationen vollständig wiedergegeben. Lediglich Rudolf und Emma Schirmer, deren Bildnisse bereits im Geschlechterbuch wiedergegeben sind, sind nicht nochmals beigefügt.

Ich hoffe, daß alle Freude an diesem Buch, das ich vielleicht eines Tages noch unter Einbeziehung der Schirmerschen-, Planckschen- und Wagemannschen-Vorfahren ergänzen möchte, haben werden.

Essen, Weihnachten 1979

Ulf Peiper

Anhang 1: Verbindung der Familie von Loevenich zu Anna Peiper, geb. Schirmer

<1> Peter von Loevenich (*um 1450, †vor 1518) ∞ Jenna NN
Sohn: 1) Bartholomäus gnt. Mevis von Loevenich (†vor 1568) **(siehe Nr. <2>)**

I. Generation
<2> Bartholomäus gnt. Mevis von Loevenich (†vor 1568) ∞ Katharina Scheulens
Söhne: 1) Engelbrecht von Loevenich
2) Bartholomäus von Loevenich **(siehe Nr. <3>)**

II. Generation
<3> Bartholomäus von Loevenich ∞ NN Simonius von Ritz
Söhne: 1) Alexander (=Sander) von Loevenich
2) Bartholomäus d.J. von Loevenich † vor 1569 **(siehe Nr. <4>)**
3) Caspar von Loevenich

III. Generation
<4> Bartholomäus d.J. von Loevenich (†vor 1569) ∞ Adelheid Sengels
Kinder: 1) Clara von Loevenich verh. Prum
2) Alexander *Der* Alte von Loevenich (†1630) **(siehe Nr. <5>)**
3) Bartholomäus von Loevenich **(siehe Nr. <6>)**
4) Caspar von Loevenich **(siehe Nr. <7>)**

IV. Generation
<5> Alexander *Der* Alte von Loevenich (†1630) ∞ Maria Anna Stass
Kinder: 1) Alexander "der Junge" von Loevenich (†vor 1690) **(siehe Nr. <8>)**
2) Gertraut von Loevenich verh. Jansen von Emrath (†1689) **(siehe Nr. <9>)**

<6> Bartholomäus von Loevenich ∞ mit n.n.
Kinder: 1) Catharina von Loevenich
2) Maria von Loevenich verh. Mattencloit(†1665) **(siehe Nr. <10>)**
3) (m) von Loevenich (*24.8.1613)

<7> Caspar von Loevenich ∞ Maria Radermacher

149

Kinder: 1) Peter von Loevenich (∗26.5.1616)
2) Catharina von Loevenich verh. von Eschweiler (∗23.8.1610)
3) Maria von Loevenich verh. Meetz, Maercken
4) Adelheid von Loevenich verh. Münsterius
5) Christine von Loevenich verh. Schoerer

V. Generation

<8> Alexander "der Junge" von Loevenich (†vor 1690) ∞ Maria Meeß
Sohn: 1) Bartholomäus von Loevenich (∗1670, †1723) **(siehe Nr. <11>)**

<9> Gertraut von Loevenich († 1689) ∞ Isaac Jansen von Emrath
Tochter: 1) Anneken Jansen von Emrath verh.von Loevenich **(siehe Nr. <12>)**

<10> Maria von Loevenich † 1665 ∞ Joachim Mattencloit
Söhne: 1) Bartholomäus Gottfried Mattencloit
2) Johann Peter Mattencloit

VI. Generation

<11> Bartholomäus von Loevenich (∗1670, †1723) ∞ (1) Agnietje de Baker (†
vor 1684), ∞ (2) Anneken Jansen von Emrath **(siehe Nr. <12>)**, To. von Isaac
Jansen von Emrath und der Gertraut von Loevenich (†1689)
Söhne: 1) Alexander von Loevenich (∗1681, †1762) **(siehe Nr. <13>)**
2) Isaac von Loevenich (∗1684, †27.8.1742) **(siehe Nr. <14>)**
3) Bartholomeus von Lövenich (∗1691, †1759) **(siehe Nr. <15>)**

<12> Anneken Jansen von Emrath ∞1649 mit Bartholomäus von Loevenich
∗ 1670, † 1723 **(siehe Nr. <11>)**, So. von Alexander "der Junge" von
Loevenich †vor 1690 und der Maria Meeß
Söhne : 1) Alexander von Loevenich ∗ 1681, † 1762 **(siehe Nr. <13>)**
2) Isaac von Loevenich ∗ 1684, † am 27.8.1742 **(siehe Nr. <14>)**
3) Bartholomeus von Lövenich ∗ 1691, † 1759 **(siehe Nr. <15>)**

VII. Generation

<13> Alexander von Loevenich (∗1681, †1762) ∞(1) Maria von Oorsfeld
Söhne : 1) Alexander von Loevenich
2) Bartholomäus von Loevenich
3) Gerhard von Loevenich (∗1716, †1792) **(siehe Nr. <16>)**

<14> Isaac von Loevenich (∗1684, †27.8.1742) ∞ am 26.1.1716 in Krefeld (1)
Sybille von der Leyen (∗25.12.1680, †25.1.1776), To. von Wilhelm von der

Leyen (∗14.1.1650, †5.9.1722) und der Maria Jansen gnt. von Emrath (∗19.11.1649, †13.8.1692)
Kinder: 1) Anna von Loevenich verh. Loevenich(∗1717, †1789) (siehe Nr. <17>)
2) Bartholomäus von Loevenich (∗20.7.1722, †25.5.1798) (siehe Nr. <18>)

<15> Bartholomeus von Lövenich (∗1691, †1759) ∞ am 25.7.1752 in Krefeld
(1) Margareta Scheuten (∗1722, †1793)
Sohn: 1) Alexander von Löwenich (∗1757, †1812) (siehe Nr. <19>)

VIII. Generation
<16> Gerhard von Loevenich (∗1716, †1792) ∞ Anna von Loevenich (∗1717, †1789) (siehe Nr. <17>), To. von Isaac von Loevenich (∗1684, †27.8.1742) und der Sybille von der Leyen (∗25.12.1680, †25.1.1776)
Kinder: 1) Isaac von Loevenich (∗1748, †1806) (siehe Nr. <20>)
2) Sibilla von Loevenich verh.(∗1757, †1823) (siehe Nr. <21>)

<17> Anna von Loevenich ∗1717, †1789 ∞ am 26.1.1716 in Krefeld Gerhard von Loevenich ∗1716, †1792 (siehe Nr. <16>), So. von Alexander von Loevenich ∗1681, †1762 und der Maria von Oorsfeld
Kinder: 1) Isaac von Loevenich ∗ 1748, † 1806 (siehe Nr. <20>)
2) Sibilla von Loevenich ∞ Floh ∗ 1757, † 1823 (siehe Nr. <21>)

<18> Bartholomäus von Loevenich (∗20.7.1722, †25.5.1798) ∞ am 14.11.1756 in Krefeld Maria von der Leyen (∗15.7.1723, †23.6.1785), To. von Peter von der Leyen (∗20.4.1697, †11.8.1742) und der Maria von Aaken (∗7.12.1698, †12.9.1768)
Söhne: 1) Isaac von Loevenich (∗1751, †1820) (siehe Nr. <22>)
2) Peter von Loevenich (∗1756, †1829) (siehe Nr. <23>)
3) Friedrich von Loevenich (∗1758, †26.11.1795) (siehe Nr. <24>)
4) Bartholomäus von Loevenich (∗1761, †1802)

<19> Alexander von Löwenich ∗ 1757, † 1812 ∞ 24.7.1793 in Köln, St. Peter Maria Barbara Diderick ~Dirichs ~Derichs ∞ am 24.7.1793
Söhne: 1) Elie Danie von Löwenich (∗5.7.1800)
2) Alexander von Löwenich (∗22.10.1802, †5.2.1834) (siehe Nr. <25>)
3) Friedrich Wilhelm von Löwenich(∗1797, †1861) (siehe Nr. <26>)

IX. Generation

<20> Isaac von Loevenich (∗1748, †1806) ∞ Anna Maria Hauck
Kinder: 1) Maria Luise von Loevenich (∗1777, †1778)
2) Carl Bartholomäus von Loevenich (∗17.12.1779, †15.1.1830)
3) Gottschalk Georg Johann von Loevenich (∗10.11.1785)

<21> Sibilla von Loevenich (∗1757, †1823) ∞ 20.1.1782 in Krefeld Gottschalk Floh (∗1752, †1835)
Sohn: 1) Cornelius Floh (∗1783, †1846)

<22> Isaac von Loevenich (∗1751, †1820) ∞ Justine Karrer
Sohn: 1) Bartholomäus von Loevenich

<23> Peter von Loevenich (∗1756, †1829) ∞ am 14.11.1786 in Krefeld Susanne Maria von der Leyen
Töchter: 1) Emilie von Loevenich (∗25.12.1801, †28.7.1852)
2) Maria von Loevenich verh. Floh (∗4.3.1791)

<24> Friedrich von Loevenich (∗1758, †26.11.1795) ∞ 30.11.1790 in Frankfurt/Main Charlotte Susanne Hestermann (∗11.7.1771, †11.8.1835), To. von Peter Jakob Hestermann (∗3.11.1740, †23.2.1810) und der Maria Elisabeth Susanne du Fay (∗23.3.1747, †4.9.1822)
Töchter 1) Sophie von Loevenich verh. Stern (∗1789, †1814)
2) Marie Sophie Elisabeth von Loevenich (∗1.9.1791, †1.10.1862) **(siehe Nr. <27>)**
3) Maria Susanne (Susette) von Loevenich (∗23.9.1792, †1.1.1877) **(siehe Nr. <28>)**

<25> Alexander von Löwenich (∗22.10.1802, †5.2.1834) ∞ 4.5.1827 in Aachen Anna Maria Lueck (∗1798, †1879)
Kinder: 1) Mathilde von Loevenich(∗1827)
2) Gustav von Loevenich (∗2.8.1829)

<26> Friedrich Wilhelm von Löwenich (∗1797, †1861) ∞ 18.8.1825 (1) Anna Maria Reumont (†12.3.1834), (2) am 7.1.1835 Johanna Catharina Hubertina Thomas (∗1811)
Kinder (1)1)Anna Maria von Loevenich (∗1826, †1879)
2) Franz Alexander von Loevenich (∗26.8.1828)
Kinder (2)1)Anna Maria Hubertina von Loevenich ☐ Foerster (☐10.1.1837)
2) Friedrich August von Loevenich (☐2.7.1838, ☐10.1.1914)

3) Maria Caroline von Loevenich (∗1840, †1843)
4) Peter Albert von Loevenich (∗1842, †1843)
5) Peter von Loevenich (∗10.12.1849, †1853)
6) Maria Johanna von Loevenich ∞ Schmitz (∗6.6.1858)

X. Generation
<27> Marie Sophie Elisabeth von Loevenich (∗1.9.1791, †1.10.1862) ∞ am
24.8.1896 Johann Noell Gogel ∗(am 9.10.1788, †6.6.1865)
Tochter: 1) Margarethe Sophie Adelheid Gogel (verh. Hauck) (∗24.2.1817,
†24.8.1896)

<28> Maria Susanne (Susette) von Loevenich ∗23.9.1792, †1.1.1877 ∞ am
30.5.1814 in Frankfurt/Main Friedrich Sigmund Voigt (∗1.10.1781,
†10.12.1850), So. von Johann Heinrich Voigt (∗27.6.1751, †6.9.1823) und der
Charlotte Sophie Henriette Blumenbach (∗24.7.1754)
Tochter: 1) Mathilde Wilhelmine Johanna Voigt (∗15.3.1819, †29.6.1847)
(siehe Nr. <29>)

XI. Generation
<29> Mathilde Wilhelmine Johanna Voigt (∗15.3.1819, †29.6.1847)
∞ 25.3.1843 in Greifswald Johann Julius Wilhelm von Planck (∗22.4.1817,
†14.9.1900), So. von Heinrich Ludwig Planck (∗19.7.1785, †23.9.1831) und
der Johanne Sophie Charlotte Eleonore Wagemann (∗22.3.1784, †7.5.1859)
Tochter: 1) Emma Susanne Sophie Friederike Charlotte Planck (∗ 8.5.1844, †
5.5.1894) (siehe Nr. <30>)

XII. Generation
<30> Emma Susanne Sophie Friederike Charlotte Planck (∗8.5.1844,
†5.5.1894) ∞ am 15.9.1863 in Kiel Friedrich Rudolf Schirmer (∗10.3.1831,
†27.1.1896), So. von August Gottlieb Ferdinand Schirmer (∗14.5.1791,
†29.3.1863) und der Emilie Susanne Louise Caroline Freiin von Richthofen
(∗23.11.1794, †12.8.1834)
Tochter: 1) Anna Emilie Mathilde Schirmer (∗23.1.1867, †5.9.1955) (siehe
Nr. <31>)

XIII. Generation
<31> Anna Emilie Mathilde Schirmer (∗23.1.1867, †5.9.1955) ∞ am 1.6.1887
in Greifswald Erich Gotthard Edmund Christian Samuel Peiper (∗19.5.1856,
†13.9.1938), So. von George August Hermann Samuel Peiper (∗28.3.1805,

†2.5.1884) und der Selma Sidonie Auguste Malvine Scholtz (∗8.1.1827, †30.8.1906)

Kinder: 1) <u>Irma</u> Sidonie Emma Else Peiper (∗4.8.1888, †7.10.1979)
      2) <u>Albrecht</u> Rudolf Georg Samuel Peiper (∗23.10.1889, †7.10.1968)
      3) <u>Herbert</u> George Hugo Samuel Peiper (∗1.11.1890, †1.9.1952)
      4) <u>Ulrich</u> Hugo Otto Samuel Peiper (∗18.12.1894, †18.5.1974)

Anhang 2: Die verwandtschaftliche Verbindung der Familien Stengel - Peiper

Friedrich Sigmund Voigt ∞ Susanne von Loevenich

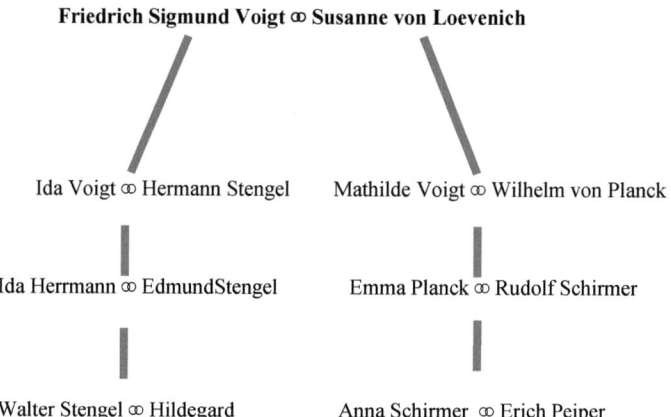

Ida Voigt ∞ Hermann Stengel   Mathilde Voigt ∞ Wilhelm von Planck

Ida Herrmann ∞ EdmundStengel   Emma Planck ∞ Rudolf Schirmer

Walter Stengel ∞ Hildegard   Anna Schirmer ∞ Erich Peiper

Anhang 3: Ahnenfolge

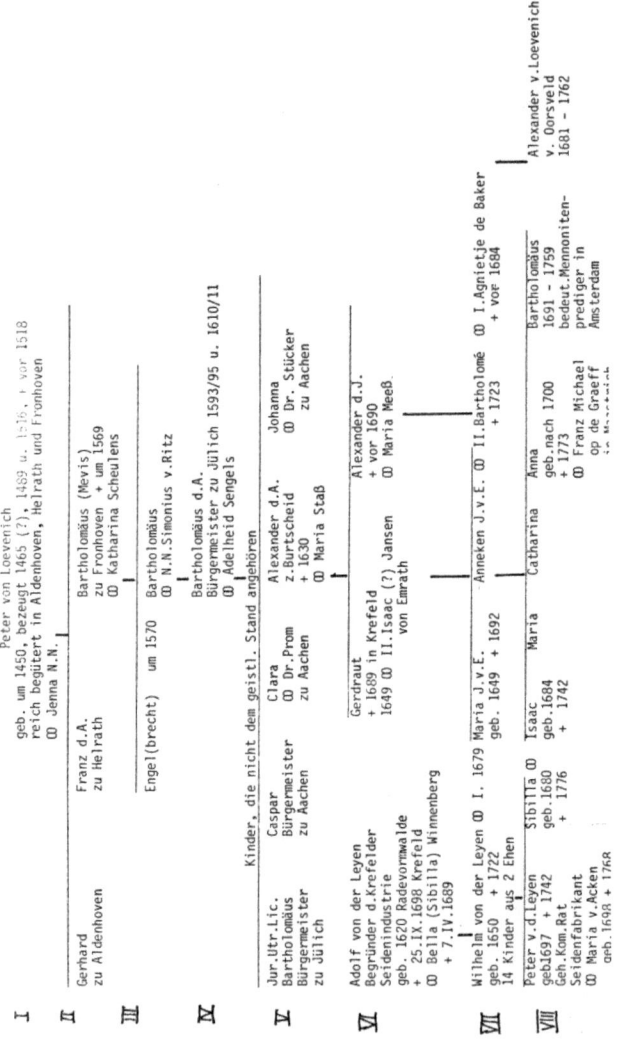

IX

Maria v.d.Leyen 1723 - 1785 | Bartholomäus 1750 ⚭ 1722 - 1798 | Anna ⚭ 1717 - 1789 | Gerhard v.Loevenich/v.Oorsveld 1717 - 1792

X

- Maria 1752 - 1820 ⚭ 1777 Cornelius David v.d.Vliet 1751 - 1798
- Isaac 1752 - 1811 ⚭ 1788 Justine Magd. Karrer 1759 - 1844
- N.N. geb.19.7.1754 + 1760
- Peter 1756 - 1829 ⚭ 1786 Susanna Maria v.d.Leyen 1766 - 1852 Tochter d.Johann d.J. 1734 - 1795
- Friedrich v.L. 1758-1795 ⚭ 1790 Charl. Susanne Hestermann
- Sibylle geb.Okt.1763 ⚭ Fauché
- Bartholomäus 1761 - 1802 ⚭ Caroline Murray 1774 - 1842
- Isaac 1748-1806 ⚭ 1782 Anna Hauck
- Sibylle 1757-18.. Gottsch Floh
- Cornelius Flo v. Loevenich Kommerzienrat 1783 - 1846 ⚭ mit Maria v.d.Leyen
- Susette unverh. 1812 - 1898

XI

- Bartholomäus 1793 - 1814 unverh.
- Emilie 1807 - 1852 ⚭ Fried.Joh. Frh.v.d.Leyen-Bloemersheim 1795 - 1874
- Maria (Mimi) 1791 - 1866 ⚭ 1810 mit Corn.Floh v.L. 1783 - 1846
- Maria Susanna gen.Susette 1792 - 1877 ⚭ Fried.Sigm. Voigt 1781 - 1850
- Marie ⚭ Gogel
- Sophie ⚭ Stern
- Theodor
- Ida ⚭ Hermann

XII

- Joh.Wilh.MATHILDE geb.15.3.1819 Jena + 29.6.1847 Greifsw. ⚭ 25.3.1843 in Jena Joh.Jul.Wilh.Planck
- Hugo geb. 1846 + 1922
- weitere Kinder aus der 2. Ehe mit Emma Patzig vorhanden, u.a. Max Planck, Nobelpreis für Physik 1918

XIII

- Joh.Susanna Sophia Friederica Charlotte Emma geb. 8.5.1844 + 5.5.1894 ⚭ Kiel 15.9.1863 mit Friedrich Rudolf Schimer geb.10.3.1831 + 27.1.1896
- Susanne 1872-1883
- Bruno 1873-1883
- Hildegard 1874-1911 ⚭ Max Schröder
- Hugo 1876-1890
- Max 1884-1951 ⚭ Margarete Wentz

XIV

- Otto 1864 - 1917 ⚭ Elis.Keller
- Anna 23.1.1867 + 5.9.1955 ⚭ Erich Peiper 19.5.1856 + 13.9.1938
- Elisabeth 1870 - 1909 ⚭ Arthur Teresz-kiewicz
- Herbert 1.11.1890 + 1.9.1952 ⚭ Erika Diener geb. 16.7.1896
- Ulrich 18.12.1894 + 28.5.1974 ⚭ Irmgard Kolbe geb. 3.7.1898

XV

- Irma 9.8.1888 + 7.10.1979 ⚭ Otto Peiper geb.28.8.1876
- Albrecht 23.10.1889 + 7.10.1968 ⚭ Hertha Vieth geb.27.10.1903